己卯季秋为幼儿学园书

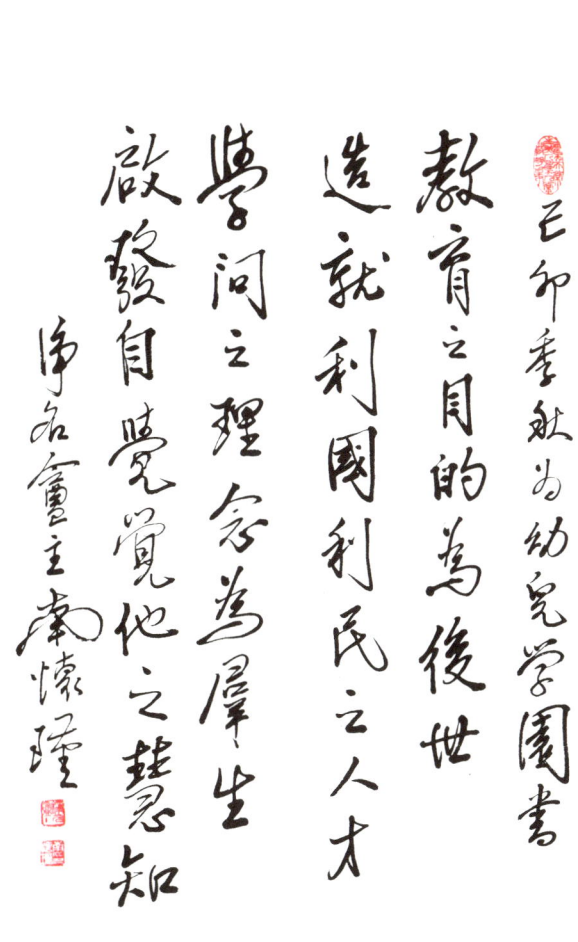

教育之目的为後世造就利國利民之人才

學問之理念為眾生啟發自覺覺他之慧知

净名會主南懷瑾

南怀瑾先生，1991年拍摄于香港寓所，时年73岁。

诫子书

(三国) 诸葛亮

君子之行,静以修身,俭以养德;非淡泊无以明志,非宁静无以致远。夫学须静也,才须学也,非学无以广才,非静无以成学;淫慢则不能励精,险躁则不能理性。年与时驰,意与岁去,遂成枯落,悲叹穷庐,将复何及也。

学习与道

问道南怀瑾

南怀瑾 讲述
南怀瑾文教基金会 编

人民东方出版传媒
东方出版社
The Oriental Press

前言　以远见，超越未见

人生需要远见

这个时代正发生着复杂变化。

人类社会发生着前所未有的变革，外部世界变化越来越快，处处充满着不确定性；各领域的竞争内卷，工作生活的快节奏，带来了物质生活的极大丰富，也带来了精神心灵的极大负担；互联网碎片化信息的冲刷，使我们的大脑不知不觉被智能算法影响、塑造和控制。

南怀瑾先生晚年曾透彻地洞察到："我们这一代，受这个时代的文化教育影响，没有真正的学问中心，可是知识又非常渊博，各方面都知道，都很清楚，也很茫然，整个的茫然。"（《廿一世纪初的前言后语》）

"全世界的教育普及了,知识越来越广博,却没有真正的学问,生命的真谛没有了。"(《列子臆说》)

今天,我们比以往更加向往智慧,需要一个超然独立的远见,来超越种种之前所未见,以免被外部无常的力量裹挟前行。而人生具有远见的一个重要前提,就是要不断地学习,不断地"重塑"自身。

面对"不确定",该如何有效学习?

工业革命以来的教育,注重书本知识与工作技能的学习,然而大数据时代,互联网的海量信息每天扑面而来,我们随时被灌输着各种信息和知识;人工智能潜移默化地改变着传统行业,固守特定的工作技能,我们随时都有可能被取代。面对着种种的转变,重新思考该如何学习,比以往任何时候都更紧迫。

南怀瑾先生说:"一切的学问,如果与我们人的身心性命没有关系的话,是不会存在的……它会自然被淘汰。"(《庄子諵譁》)知识焦虑的当下，新名词、新方法、新思路层出不穷，我们往往习惯于专注方法论，但在方法论之前还应该有本体论，即如何从本质上认知自我和世界。复杂多变的环境下，我们更需要追本溯源，去触摸人类永恒不变的最高智慧，把握亘古不变贯穿始终的"元"问题，故本书名为"学习之道"，着重于"道"，以"道"御"术"，以不变应万变，这样的学习可能会更高效。

远在两千年前，孔夫子曾透露自己的智慧学问从何而来："吾道一以贯之。"传统中国的学习教育，注重唤醒每个人本自具足的内在智慧，开发生命的无尽潜能，与我们的身心性命与内养外用息息相关。南怀瑾先生认为，"教化最高的道理，是引发人性中本自具有的智慧，'无师自通'。"(《孟子旁通（中）》(尽心篇))"一个人一生几十年，老实讲，没有那么多时间和精力去读许多书，只要心地的宝库一打开了，就都会懂的。"(《如何修证佛法》)

现代人从传统文化的学习之道中，可以获得应对当下乃至未来世界的珍贵启示：

首先，专精诚恳。儒家《大学》说："知止而后有定，定而后能静，静而后能安，安而后能虑，虑而后能得。"道家《清静经》讲："人能常清静，天地悉皆归。"佛家《插秧偈》有："心地清净方为道，退步原来是向前。"传统儒释道三家皆认为，开启智慧需要身心的静定修养。制心一处，一门深入，方能回归自性本源，开显一通百通的内在智慧。如果心气不定，目标太杂，纵然多知多见，不过是世智辩聪，最后所得只是普通的知识常识，并非直契心源一以贯之的大智慧。

其次，长远之心。现代人喜欢追求速成速效，而学习成长从来不是一蹴而就。《诫子书》曰："慆慢则不能研精，险躁则不能理性。"南怀瑾先生常劝人，凡事不妨慢慢来。面对世界的复杂多变，恒心和韧性就更是这个时代的必需品。在对的事情上，坚持投入时间与精力，以终为始，十年如一日，"无望其速成，无诱于势利，养其根而俟其实，加其膏而希其光"，做一个安安静静的"长期主义者"。

第三，次第明了。思深方益远，谋定而后动。《大学》曰："物有本末，事有终始。知所先后，则近道矣。"格物、致知、诚意、正心、修身、齐家、治国、平天下……整体把握人生内养外用的次第脉络，而又能认清自己眼下的真实水平。见自高处降，行则低处起。《礼记·学记》说："杂施而不孙，则坏乱而不修。"如果浮躁盲动，好高骛远，根基则不会稳固扎实，成长也就成了空中楼阁。

第四，全局视角。人生难题，其难非一：生存，生活，生命。快节奏的当下，人人为了生存而疲于奔命，如果缺乏对人生各维度的全局观照，则随时都会陷入突如其来的被动与窘境；静定与觉察，身体与心灵，自我与他人，经典与历史，自助与天助，为学日增与为道日损，心性修养与世间治平，生命科学与东西方文化……君子终日乾乾，与时偕行。如今已不是孔孟的时代，更需要放开眼界，不断地"重塑"自己，整合传统与现代多个面向的认知，才能开创适应这个时代的全新文明。

《学习之道》的七个主题

南怀瑾先生对传统文化学习之道的讲述，意涵丰富、精辟透彻，但是散见在数十本著述中，通读下来需要一定的时间精力，颇为不易。我们将其系统梳理为七个篇章，每章对应一个重要的学习主题，便于读者参考入门。

第一章《无为》，首先向读者介绍中国传统文化中学习的最高道理，是开发人性中本来具有的智慧，人人皆可无师而自通。

第二章《专精》，介绍古人"无师自通"的一个非常重要的学习方法：一门深入，长时薰修。做学问贵在专精恒久，方法太杂、头绪太多，反而带来困扰，不易成就。所谓"书读千遍，其义自见"，制心一处，沉潜反刍，最后消归自己的才是真学问。

第三章《次第》，辑录了传统文化关于学习次第的精华理念，如童蒙养正应从"洒扫应对"的人格和生活教育入手，而不是急于灌输知识；成年人的第一课是先要认知生命心性的基本修养；孔子做学问的程序是"志于道，据于德，依于仁，游于艺"，等等。学习之道，须清楚次第，拾级而上，否则空积一堆无序材料，大厦无法建成，扁舟难以渡江。

第四章《读诵》，讲述现代人为何要读诵传统经典。经典是人类智慧的精华结晶，儿童时期开始诵读经典，是古人基本的教育方法。近百年来，受西方文化的影响，经典诵读的传统被忽视、遗忘甚至轻视，导致现代人缺乏深厚的文化根基。南怀瑾先生对于经典诵读的原理意义、诵读书目推荐、读经如何与现代教育配合等关键问题的讲述，本章皆有辑录。

第五章《语言》，讲述了现代人学习文言文的重要性。口头的言语往往会随着时空因素而不断演变，中国古人创造性地将言语变成文字，超越了言语时空变化的障碍，保存了中国人几千年的智慧、经验与心血。南怀瑾先生认为，学习中国文化首先要注意学习中国文字，文言文是打开中国文化宝库的钥匙。钥匙丢了，则很难真正深入了解中国文化。

第六章《融通》，辑录了现代人培养全局思维的重要理念和方法，如"儒家是粮食店，道家是药店，佛家是百货店""文史哲政，浑然一体""中西文化的融会贯通""为什么需要'终身学习'"，等等。未来已来，突破认知的盲区，融会古今中外的精华，养成无物可方的器度，才能继往开来，日新又新。

第七章《策略》，针对现代人学习过程中可能遇到的实际困惑，整理了南师提供的一些接地气的窍门，如：繁忙的现代人如何才能高效阅读大部头，怎样利用碎片化时间来学习，如何让大脑休息放松，等等，易学易用。

本书收录的文章，大多选自已公开出版的南怀瑾先生著述（简体字版由东方出版社出版，繁体字版由南怀瑾文化事业公司出版），标题为编者所加。同一标题下内容若摘自多部著述，则于对应的内容末尾一一注明出处，以如实呈现先生讲述原意。

需要说明的是，第四章《读诵》的部分内容节选自《南怀瑾先生关于"中西方文化导读活动"的讲话》《南怀瑾先生关于经典诵读的漫谈》《南怀瑾先生为"儿童中国经典文学诵读"乐园介辞》《南怀瑾先生致国家图书馆经典讨论会贺电》四则尚未出版的史料。二十多年前，南怀瑾先生在香港期间，曾发动"中国文化断层重整工程"，也是儿童智能潜能开发工作，包括中英文经典诵读及珠算心算等内容，影响深远。

"天行健，君子以自强不息。"明师难遇，当大师一一离我们远去，传统文化"无师自通"的学习之道就更显珍贵。希望此书助你唤醒生命的自觉；如果已在路上，愿它是你归途的温暖陪伴。

南怀瑾文教基金会

目录

无为

- 002 "无师自通"的学习秘密
- 006 最高的教育手法——"围起来打"
- 015 学习的第一义
- 021 这一招,专治你的知识焦虑
- 030 "双环"学习路径:为学日益,为道日损

专精

- 044 "一门深入",做长期主义者
- 050 真做学问,要从原典入手
- 056 好书不厌百回读,熟读深思子自知

次第

062 为谁而读书？

067 怎样才算是知识分子？

071 先从"洒扫应对"学起

076 成年人的第一课

097 读书做学问，这篇千古文章要好好参究

101 笨人最容易成功，这是天地的法则

110 自利与利他

115 "全人教育"：道、德、仁、艺

121 先求渊博，还是先求专精？

128 治学之道的五个次第

133 教育孩子，要注重性向问题

137 知之，好之，乐之

读诵

144 背诵——被遗忘的基本教育方法

154 读诵经典，为什么能开发智慧？

161 这样"读"一遍书，等于看书一百遍

178 孩子读经典，先从"四书"开始

188 读经很重要，但要配合现代教育

语言

- 196　中国文化宝库的"钥匙"
- 207　学习中国字，注意三个方向
- 215　孩子学中文，最便捷的几本书
- 227　不要迷信英文，赶快学中文

融通

- 232　要做"君子儒"，莫为"小人儒"
- 248　君子"不是东西"？
- 252　儒家是粮食店，道家是药店，佛家是百货店
- 257　刚日读经，柔日读史
- 267　文史哲政，浑然一体
- 272　现代人为什么要读文学？
- 282　功课可以马虎，小说不可不看
- 288　有德无才难成事，有才无德办坏事
- 301　为什么需要"终身学习"？
- 305　中西文化的融会贯通

策略

314 碎片化时间,如何学习?

317 看似退步却向前

319 读书要"入藏",受用不尽

323 如何高效阅读"大部头"?

325 读书学会"换脑筋",头脑更灵光

330 如何读书不伤身?

337 后记

无为

教化最高的道理,是引发人性中本自具有的智慧,"无师自通"。

"无师自通"的
学习秘密

> 孟子曰：君子深造之以道，欲其自得之也。自得之则居之安，居之安则资之深，资之深则取之左右逢其原。故君子欲其自得之也。——《孟子》

孟子说，人的修养，是要恢复到"赤子之心"的境界，要怎样才能达到呢？不能以填鸭式的教育硬塞，要以启发式的教育使其自得，这和后世禅宗的教育相同。我们知道，禅宗祖师的教育方法、所走的路线都是这样，也就是"深造之以道"，才能达到"道"的境界。

什么是道的境界？在这里暂以孟子的观念来解

释，就是恢复到"赤子之心"的境界，也就是由后天修养回复到先天的境界。

要怎样才做得到呢？要他"自得"，也就是自悟。假使不是"自得"而是被教的，就不能活用。例如现在有许多人学修道，学打坐，一开口就说：老师教我这样打坐的，好像是为老师而修道、打坐的。老师教了重点，教了方法，自己就要能够活用；自己不去体会，不去活用，这就是不能够自得，而是拿到鸡毛当令箭了。

禅宗有一句非常有意思的话："悬崖撒手自肯承当，绝后方苏欺君不得"，意思就是学问修养要自得，自己启发自己的灵智，就是道的境界；不是从老师那里填塞进来的，也不是接受的。否则就变成了宗教的教条式信仰，那并不是道。

只有自得的，则能"居之安"；而"居之安"并不是指房子住得好，是指平常都在自己所得的本位中。"居之安则资之深"，这个"资之深"，不是现代语老资格的意思，"资"是资用，也就是说，平常处世可以应用你的道。因此出世、入世都在道中行，则"取之左右逢其原"，出家也好，隐居也好，不出家也好，为官也好，都处在道中。所以学问之道要"自得"。

过去圣人的言教，都是要我们能够求其自得，这也是从"赤子之心"来的。学问的修养、道的修养，都是这个原则，要"自得"。而学问以外的培养，则要学识。严格说来，学问就是道，而其他各方面的知识、写文章等，那只是学识。

——《孟子旁通》（下·离娄篇）

教化最高的道理，是引发人性中本自具有的智慧，"无师自通"，并不是有个东西灌注进去使你明白。这种启发式的教育，活活泼泼的，如孟子所描写的"跃如也"，因此可以不偏不倚，"中道而立"。如果老师呆板地告诉学生，填鸭式地教育，那就钉在一个死角，钻到牛角尖里去，就不是"中道而立"了。

如果老师呆板地告诉学生,学生虽然懂了,但已经落后了几十年,等到学生赶上老师,老师又往前去了。而教育的目的,是希望后一代超越前一代。如果引用禅宗的教育方法,来发挥孟子的教育思想,可举出很多很多的例子。禅宗的大师们,经常用这种"引而不发"的教育手法,对于聪明、伶俐、有智慧的人,轻轻点拨一下,使人自肯自悟,不然就是"误"了。

——《孟子旁通》(中·尽心篇)

最高的教育手法
——"围起来打"

不愤不启,不悱不发

> 子曰:不愤不启,不悱不发,举一隅不以三隅反,则不复也。——《论语》

这里是说教育方法的原则。所谓"愤",就是激愤的心情。对于不知道的事,非知道不可,也是激愤心理的一种。如有一件事,对学生说,你不行,而他听了这句话,就非行不可,这是刺激他,把他激愤起来。"启"就是发,在启发之前,先使他发愤,然后再进一步启发他。这种教育方式,有一个很好的例子:相传清代名将年羹尧,是汉军镶黄旗子弟,幼时非常顽劣,他父亲前后为他请了好几个老师,都被他打跑了。后来没有人敢去应聘教他,最后有一个老师是隐士,有说是顾亭林的兄弟——顾亭林虽然一生不做清朝的官,从事反清的地下活动,但为了同胞的福祉,还是叫别人出来做些事——自愿任教。年羹尧的父亲说明自己儿子的顽劣,老先生说没关系,唯一的条件是一个较大的花园,不要设门,而且围墙要加高。就这样开始教了,年羹尧最初想将这位老师打跑,不料老先生武功很高,打又打他不着,却什么也不教他,到了晚上,老先生运用他高强的轻功,一跃出了围墙,在外逍遥半天,又飘然跳了回来,年羹尧对这位老师一点办法都没有。老先生有时候吹笛子,吹笛是可以养气的,年羹尧听了要求学吹,于是利用吹笛来使他养气,这才开始慢慢教他。后来老先生因为有自己的私事,一定要离开,临走时说,很可惜,这孩子的气质还没有完全变过来。虽然如此,年羹尧已经够得上是文武双全了,所以后来成了平藏的名将。而他以后对自己孩子的老师,非常尊敬,同时选择老师也很严格，有一副对联："不敬师尊，天诛地灭；误人子弟，男盗女娼。"就是他写了贴在家里的。这个故事，可说明孔子所说教学的原则，必先刺激他的思想，使他发愤，非要有坚强的求知心，才能启发出他本有的智慧来。

第二就是引起他的怀疑，"悱"就是内心有怀疑、不同意。譬如说古人这样讲，就告诉他这值得考虑。孔子所谓"当仁不让于师"，韩昌黎所谓"师不必贤于弟子"，老师不一定完全是对的，不是光靠服从接受便行，如果呆板地接受，学问会越来越差的。多怀疑就自然会去研究，"发"就是研究。

"举一隅不以三隅反，则不复也。"而且要多方面看。一桌四角，讲了一角，其余三角都会了解，那么他可以回来，"复也"就是回来。回到哪里？回到思想智慧的本位，就是回到自己智慧的本有境界。所以在教育方面，一定要激发他愤、悱的求知欲。我们看儿童的教育，有的孩子，对什么事情都不服气，而做家长的，总是希望孩子服气，尤其老一辈的人，往往把自己的经验看得非常重要，希望孩子接受。实际上要使孩子服气，接受上一代的经验，在教育方法上，必先使他能愤、能悱才行。

再引一个不伦不类的故事来说明。清乾隆时代，有一位世代书香的大员，有个儿子，文学很好，但不成器，行为不检点。一年，给这孩子五百两银子上京考功名，结果他到了京里，把五百两银子在妓院中花光了，被老鸨赶出来，剩下一身病，骨瘦如柴。回到家里，老太爷知道了，气得要把他打死，但一检查他的行李，发现有他写的两句诗，老太爷一看，笑了。想想五百两银子值得，这个孩子在文学上很有心得。以文学的观点来看，这两句诗的确很好！原句是："近来一病轻如燕，扶上雕鞍马不知。"这是古人对文学的推崇。如果是现在，科学搞不好，光作两句诗，不把父母气死才怪。我们举这个例子，也可说明"愤"与"悱"的一隅道理。下面是讲一个人的领悟力，"举一隅不以三隅反，则不复也"。有些人读书学习很用功，但是领悟力不够，充其量，只能成为一个书呆子。譬如拿研究历史来说，最低限度，也是为了"前事不忘，后事之师也"。了解前代的事情，和现在的事情原则差不多，道理是一样，只是发生的时代不同，地区不同，现象两样而已。所以多读历史，能够举一反三，就可前知过去，后知未来。否则，白读死书，"则不复也"。学识又有什么意义呢？

——《论语别裁》

"围起来打"的最高教育法

禅宗的一种教授法，叫作"围起来打"，也就是无门为法门。在学的人本身，八十八结使，随处可以围起来打。脾气大的，把他挑大；贪心重的，就把他挑重。有个大官来见药山禅师，问：佛经上说"黑风飘堕罗刹国土"，这是什么意思？这人学问很好，官位也高，问话时也规规矩矩的。老和尚却一副鄙视相，说：凭你，也配问这一句话？这一下真把他给气死了，年纪那么大，地位那么高，规规矩矩问他，老和尚却那么无礼地回答,恨不得打他一巴掌。老和尚这时轻轻地点他:"这就是黑风飘堕罗刹国土。"他悟了,立刻跪下来。

禅宗的教育法就是这么妙,晓得你脾气大,就故意想个办法逗你,等你脾气很大的时候,就来拍马屁了,不要生气了,这就是无明,无明就是你这样。于是这个人悟了,这个时候心是清净的。

贪、嗔、痴、慢、疑等等,用各种方法,围起来打,没固定的方法,准要打得我们,如同灵云见桃花而悟道一样,然后说:对了,对了,这就是了。

但如果认为这就是禅宗,那才是自欺欺人呢!这是第六意识偶然清净的境界,等于用香板点人一样,一下子空了,意识清净了,只认识了这个。如果认为这个是"心"的话,就大错而特错,不是的。

明心见性这个说法的流行,是六祖以后,一代一代演变下来的,越到后来就越没有真禅了。像现在这个情形,不需要搞佛法,任何人可以做到,只要把一念空了就好了。想把心念一下清净下来,方法多得很，如眼睛平视前方，前面摆一个发亮的珠，或佛像、菩萨，眼盯着看，心念就会慢慢清净下来，催眠术也是这样。

真觉胜禅师是悟了道的，名望、道德、修持工夫都很高，圆悟勤去看他时，他正在生病，膀子上生疮，很痛苦，疮烂了，流出血来。圆悟勤一到，向他跪下求道，真觉胜指着疮上流出来的血说："此曹溪一滴法乳。"圆悟勤一听，得了道应该了生死，结果生大疮。这且不说，流出来的脓血，脏兮兮的，还说是曹溪法乳，怎么不怀疑呢？这就是话头。圆悟勤给他说得愣住了，师父！佛法是这样的吗？这个老和尚一句话都不答，这是最高的教育法，禅宗的教育法，决不答复你，把你围起来打。老师的答案，对你没有用……要自己找答案求证。

——《如何修证佛法》

你看看中国的高僧传与禅宗语录，这些高僧悟道的经过都不简单，都不是那么容易。你看禅宗二祖神光去找达摩祖师，就砍下了一只手臂。各位晓不晓得云门祖师怎么悟道的？赔上了一条腿。云门去找睦州和尚的时候，睦州也是不理他，不让他进门。云门不死心，来了几次，跪在门口，睦州看到他就把门关起来。假如是我们的话，早就破口大骂了，云门没有，他是来求道的，他还在参禅呢！有一天云门想到一个方法，又来叫门。睦州开门见到云门，又准备把门关上，云门一个箭步上前，赶紧把一只脚伸进去，这下子你总关不了门了吧！睦州禅师可绝了，硬是狠狠地把门关上去，结果，云门的脚断了，哎哟一叫，哈！开悟了。

什么是善知识？善知识很难办，善知识就有脾气……禅宗祖师的嬉笑怒骂，那是他的教育法，有时整得让你真受不了。道理是什么呢？他告诉你，道在你自己那一边，不在佛那里，也不在善知识这里。善知识只是想办法把你所有的妄念都打断了，都憋住了，憋到你开悟为止。你看孔子的教育法也是这样，孔子对每一个学生的答案都不一样,问仁,对这个说是这样,对那个说是那样,用现代的观念来说,没有一个标准。孔子说他的教育法是"不愤不启,不悱不发"。逼着你发愤,你说我不会,我偏要弄会给你看,先刺激他发愤,然后再进一步启发他。不悱不发就是故意引起他的怀疑,让他自己去找答案。现代的教育则是鼓励鼓励,结果许多都鼓励坏了,成不了大器。

——《圆觉经略说》

学习的第一义

> 须菩提。汝勿谓如来作是念。我当有所说法。莫作是念。何以故。若人言如来有所说法。即为谤佛。不能解我所说故。——《金刚经》

这是佛自己提出的,就是自说自话,提出来告诉须菩提。他说你啊,千万不要有这么样的一个观念,什么观念?你不要认为佛在这个世界上说了法——实际上,他老人家三十一岁悟道后就开始说法,八十岁入涅槃,说了四五十年,他这里都一概否认了。"莫作是念",千万不要有这个观念,认为我说过佛法,"何以故"?什么理由?假使有人说如来有所说法,真正说过某一种法,"即为谤佛"……

什么理由呢？"不能解我所说故"。因为这个人虽然学佛法，听了佛法，但他不能理解我所说的佛法，他没有懂，所以才说我有说法，这是错误的话。

我们先从教育来说，一个真正的教育家，会体会到佛说的这个道理，的确一句都不假的。一个教书教了几十年的人啊，在我认为是受罪，是罪业深重才教书，那真是非常痛苦。这话怎么讲呢？假使有一百个人听课，同样一句话，这一百个人的反应和理解，统统不同。有时候甚至老师说是白的，结果很可能有五六个同学告诉你，老师说是灰的。所以从事教育多年的人，会感觉到教育是一件受罪的事，非常痛苦。另一方面讲，一切众生有一个最大的障碍，就是语言文字，因为语言文字不足以表达人的意识。所以，现在有一门新的学问叫语意学，专门研究这个问题。

譬如我们说，"你吃饭没有？"这一句话随便问人，会产生几个结果，一种是觉得这个人非常关心自己，连有没有吃饭，他都要知道，多关心我。另有一种人会觉得是在耻笑他，分明晓得今天没有钱吃便当，偏要问我吃饭没有，可恨！还有一种人会觉得这个人很滑头，你看，故作关心状，故作多情的样子，很讨厌。同样一句话，四面八方反应不同。所以人与人之间意思的沟通，有如此之难。

有时候不说话反而容易懂，一说话反而生误会。不但人是如此，世界上很多的生物，也不大会用语言的。鱼跟鱼两个眼睛一看，彼此就懂了。蝙蝠在空中飞，两个翅膀一感觉，就飞开了。人类的语言，除了嘴巴说话以外，身体皮肤都会讲话；我们被人家靠近，就会感觉热，就想躲开一点，皮肤会说话的缘故。语意的道理就是如此，光凭说话是极容易误解的；所以佛说，他说法的本意是要使一切众生听了不要着相，不要抓住他所说的不放。

悟道、成佛是证得阿耨多罗三藐三菩提，佛所说的法如筏喻者；等于一个过河的船，你过了河不必要把船背在身上走。换句话说，如果过河不要你的船好不好？当然好！你会游泳就自己游过去，佛并不一定要你坐他的船过去。禅宗就有许多教育法，有时连船都不给你，要你自己设法过去，你只要有方法过了这个苦海就行了。

所以佛的说法，就是要我们懂得这个道理，殊不知大家学佛听了他的法，自己没有明心见性，没有悟道，反而拼命抓住他所说的法，当成真宝，真是拿着鸡毛当令箭。所以他现在否认这个，因为这些人"不能解我所说故"，不能理解他所说法的意思。

——《金刚经说什么》

《金刚经》上说："知我说法，如筏喻者，法尚应舍，何况非法。"佛说我所说的法如过河的工具，利用竹筏过河，上了岸，竹筏就不用了，就可以丢掉了。可是，众生往往上了岸以后，还把船背着走，这不是疯子是什么？我们不学佛还好，一学佛以后，什么八识啰！什么密法啰！越抓越多，越抓越紧，"是故名为可怜愍者"，所以说众生真是可怜啊！不要以为不学佛可怜，学佛以后更可怜啊！

"虽勤精进，增益诸病。"这话说得很严重，我们学佛本来是为了治病，结果，众生死死抓住药方，把病情加重了，还多生出其他病来，你说可怜不可怜？"是故不能入清净觉"，是故不能成道。

——《圆觉经略说》

现在讲大圆满，因为发现了这些问题，我怕大家越听得多，流弊越大，自己越上不了路，很可怜的。这反而是等于禅宗那个祖师讲的，"我眼本明，因师故瞎"，我的眼睛本来亮的，被老师给我弄瞎了。我倒不想把人家眼睛给搞瞎了，所以再三声明。

而且大家先要注意，我们这里是从禅着手，以禅为中心。以禅宗来讲，这些修法都是多余的，但是有一个道理大家先要知道，"佛说一切法，为度一切心，我无一切心，何用一切法"。这个道理大家先要了解清楚，就是说你有没有一切心？有一切心，还是要一切法来对治。如果我无一切心，何用一切法，连佛法都是多余的。当然也有人狂一点说,"我本来不需要一切法嘛"!可是你还有一切心啊!一切烦恼妄心都没有清净,那就须要修法了。换句话说,大圆满这个法门,我们看来,也不过是号称大圆满;而真正的大圆满,只是这四句话——"佛说一切法,为度一切心,我无一切心,何用一切法",这才是真正大圆满。

——《大圆满禅定休息简说》

这一招，
专治你的知识焦虑

吾道一以贯之

> 子曰：赐也，女以予为多学而识之者与？对曰：然，非与？曰：非也！予一以贯之。——《论语》

这一段是孔子对子贡讲的。在文字上先解决"识"这个字的意义，是"志"，也是"记"的意思，记下来、记得的意思。我们提出来研究的，一再说孔门所讲的学问不是知识，再三强调学问是做人做事；文学、科学、哲学等才是知识。从孔子这里的话，也可证明我们这个观念是对的。

他告诉子贡说，你以为我的学问，是从多方面的学习而记闻来的吗（后世所谓博闻强记只是知识）？子贡说，对呀！我们认为你是这样来的，难道我们的观念错了？孔子则说，我的学问是得到一个东西，懂了以后，一通百通。孔子这个话是事实，这个东西，这个"一"是很难解释的，不容易讲出来的。过去我们已经讨论了很多，宋儒解释为静，要在静中养其端倪。所以后来打坐，儒家、道家、佛家都是这样，静坐中间慢慢涵养，而以明心见性为宗旨标的。什么是明心见性？像上午刚有人问起，什么是佛？我告诉他，佛只是一个代号，实际上就是人性的本源。儒家讲善与恶，是人性作用的两个现象。作用不是善就是恶，不是好的就是坏的。那个能使你善，能使你恶的，不属于善、恶范围中的东西，如果我们找到了，就是它，佛家叫作佛，道家叫作道，儒家叫作仁。用什么方法去找？儒、释、道三家都是从所谓打坐着手，在静中慢慢体认，回转来找自己本性的那个东西，就叫作"一"。老子也叫它做"一"。再讨论下去就很多了，就属于纯粹的哲学范围了。

这里孔子就说自己的学问不是靠知识来的，这是一个大问题。要研究什么是孔子的学问，这个地方就是中心了。我们讲来讲去，讲死了也没有办法说出来的。举一个例子来说，老子说："为学日益，为道日损，损之又损，以至于无为。"什么是学？普通的知识，一天天累积起来，每天知识累积增加起来就是学。为道呢？是损，要丢掉，到最后连丢掉都要丢掉，到了空灵自在的境界。这还不够，连空灵自在都要丢掉。最后到了无，真正人性的本源就自然发现了。

孔子这里就是说，不要以为我的学问是"益"，一点点累积起来的知识，而是找到了这个"一"，豁然贯通，什么都懂了。的的确确有"一"这么个东西。从我们的经验，知道读万卷书，行万里路，就是要增加人生的经验，其实这还是不够的，必须加一句交万个友，还要交一万个朋友，各色人等都接触了，这样学问就差不多了。由学问中再超脱、升华，可以达到本源自性的地步了。

——《论语别裁》

诚则明，明则诚

> 自诚明谓之性，自明诚谓之教。诚则明矣，明则诚矣。唯天下至诚，为能尽其性。能尽其性，则能尽人之性。能尽人之性，则能尽物之性。能尽物之性，则可以赞天地之化育。可以赞天地之化育，则可以与天地参矣。——《中庸》

"自诚明谓之性，自明诚谓之教。诚则明矣，明则诚矣。"这四句话，只有两个反复正对的要点，那便是由诚到明，由明到诚而已。这里所用的"明"，就是明明白白悟道的明，与"大学之道，在明明德"的明，同一内涵，是天命本有之性的性德。"诚"，就是"不勉而中，不思而得，从容中道"，天性自然的直道境界。总之，天人之际的自性，它本来就是上下古今，亘古不变，圆明寂照的直道。你能生而自知，本自处在无思、无虑、无为的直道诚性的境界中,那就可自己明悟自性的妙用,所以叫作"自诚明谓之性"了。如果你迷失了本自诚明的作用,能够从生有自来的后天人性开始修习,先能明见自性的本来,也就自然而然地达到本有明悟至诚的境界,这样,便叫作"自明诚谓之教"了。

你如了解了这个反复正对的说法以后,就可知道佛家传入中国的禅宗心法,有"顿悟"与"渐修"的两重方便法门。其实,它和《中庸》的"诚则明""明则诚"之教,完全相似。由"诚"而自"明",便是"顿悟"。从"明"后而自"诚",便是"渐修"。但无论由"顿悟"见性,或是由"渐修"见性,对于天命自性的本来,都是一样平等的,并无什么先后高低的差别。正如《中庸》所说"诚则明矣,明则诚矣",只是文字言语在论说次序上有先后的异同而已。最重要的,是在于本身的真知灼见,和真修实证见性以后,它必然会由性德的诚性自起至诚作用。

因此，便说："唯天下至诚，为能尽其性。能尽其性，则能尽人之性。能尽人之性，则能尽物之性。能尽物之性，则可以赞天地之化育。可以赞天地之化育，则可以与天地参矣。"我们读了这一节文字优美的论文，虽然明白了自性本自"诚明"的妙用，但却在"诚明"之外，似乎又多出一个名词叫作"至诚"的作用，是不是另有道理呢？答案是有道理的，但很难解释得清楚。如果我们借用佛家的学理做类比，那就比较容易了。例如佛学，把悟道成圣的本有自性，命名叫作"本觉"。从众生后天的生命，重新修行而悟道见性的作用，叫作"始觉"。"本觉"起"始觉"，"始觉"觉"本觉"，本来是一而二，二而一，并无差别。但一般人们喜欢从学问论辩的习惯来讲，他便又用智觉的理念去命名，把悟到本觉自性的明智叫"根本智"。再把悟后起修，洞明世间和出世间的种种个别智慧，叫"差别智"。

我们知道了佛学的这种"明辨"论理以后，再回转来了解《中庸》由"诚"而到"至诚"，的确就有它的界说了。其初所谓的"诚",是"天命之性"性德本有的妙用,等于是"本觉"灵明的"根本智"。后来所说的"至诚",等于是"始觉"自性以后,依性起修,明悟所有人性、物性种种差别的作用,这是"始觉"以后的"差别智"。你若藉此理解,便可知道本节所说:"唯天下至诚,为能尽其性。"然后,能尽知一切人的本性,原来本自平等,本自具足。但只尽人之性还不彻底,必然再进而尽知万物的自性,与人性亦同为一体而无差别,然后才可明白心物一元,人性物性息息相关的妙用,才能达到"可以赞天地之化育,可以与天地参矣"。这样才能完成人的生命功能的价值,是与天地并存并立,可以参与和赞助天地化生万物,养育万物的功德,所以传统文化,叫"天、地、人"同为宇宙之间的三才。"参"字,同时包含有数学"三"字的意义。

——《话说中庸》

根本智与差别智

历史上的圣君贤相,才够得上称为大人;在道家来讲,称这种人为"真人"。由道家这一名称看,我们这些没有得道的,都是假人;要得了道的,才是真人。庄子的观念,有道的是真人;儒家观念中的大人,就是道家观念中的真人。古代拍马屁也称皇帝为真人,其实皇帝不一定是真人,能够称得上真人的皇帝很少。

《孟子》中讲君相之学的政治哲学,以赤子之心为中心思想。但是,赤子之心如何得到?只有自悟、自肯、自得,才是真正得了道。但是得了道以后如何?答案最好借用佛学来解释。

佛学对于得道,名为"根本智",明心见性所获得的"赤子之心"就是根本智。但得道以后,并不就是一通百通,也就是说,不是只要打坐一悟了道,什么都会知道——电机工程也懂了,或者制造原子弹也懂了,一切就像制造咸鸭蛋一样制造出来。事实并非如此。

这些人世间的各门各类知识，名为"差别智"。不过得到了根本智，学起差别智来会更快学会，可以说能到达一闻千悟。对同一件事，普通人要听一百句话才能懂的，而有了根本智的人，只要听一句话就全部懂了。如果说连一句话也不听就懂，是不可能的。但在宗教界，往往产生这种错误的观念，尤其学佛学道的年轻人常会有这种幻想，以为打坐悟了道，宇宙间的任何事都会知道。其实一切仍然是要学的，孟子后来讲的"博学而详说之"，就是指差别智而言。

——《孟子旁通》（下·离娄篇）

"双环"学习路径：
为学日益，为道日损

绝学无忧。——《老子》

"绝学无忧"做起来很难。绝学就是不要一切学问，什么知识都不执着，人生只凭自然。汉朝以后，佛学从印度传入中国，佛学称成了道的大阿罗汉，为"无学位"的圣人，意思是已经到了家，不需再有所学了。其实，严格而言，不管是四果罗汉，或者菩萨，都还在有学有修的阶段，真正"无学"，那已经是至高无上的境界了。

古人有言："东方有圣人，西方有圣人，此心同，此理同。"就是说真理只有一个，东西方表达的方式不同。佛学未进入中国，"无学"的观念尚未在中国宏扬，老子就有"绝学"这个观念了。后来佛家的"无学"，来诠释老子的"绝学"，颇有相得益彰之效。

修道成功，到达最高境界，任何名相、任何疑难都解决了、看透了，"绝学无忧"，无忧无虑，没有什么牵挂。这种心情，一般人很难感觉得到。尤其我们这一些喜欢寻章摘句、舞文弄墨的人，看到老子这一句话，也算是吃了一服药。爱看书、爱写作，常常搞到三更半夜，弄得自己头昏脑涨，才想到老子真高明，要我们"绝学"，丢开书本，不要钻牛角尖，那的确很痛快。可是一认为自己是知识分子，这就难了，"绝学"做不到，"无忧"更免谈。"读历史而落泪，替古人担忧"，有时看到历史上许多事情，硬是会生气，硬是伤心落下泪来，这是读书人的痛苦毛病。其实，"绝学无忧"真做到了，反能以一种清明客观的态度，深刻独到的见解，服务社会，利益社会。

——《老子他说（初续合集）》

为学日益，为道日损，损之又损，以至于无为，无为而无不为。——《老子》

"为学日益"，什么叫学问？学问是靠知识、读书、经验，一点一滴慢慢累积起来的。今天懂一点，明天再懂一点，后天又懂一点，多一分努力就多一分的收获，这就是做学问。人为的学问是有为法，是有为之道，要慢慢累积增加起来，不是一步登天。

"为道日损"，学道与做学问相反，是要丢掉，"日损"就是一天丢一点，明天再丢一点，什么都要放下丢掉。修道的人，经常笑自己，一方面有欲望学道，一方面又不肯放弃读书，爱读书就是最大的欲望。

清朝有名的历史学家，也是诗人的赵翼，讲作诗作文章的道理，他说"穷而后工"，如果希望诗文做得好，必须是经历过苦难倒霉。环境越穷，文章诗词越好，千古的文人，好的文学家都是倒霉人。这并不是运气的关系，而是人到了功名富贵没有，人际关系也淡薄，复杂的事情就少了，坐在那里也没有别的事情做，专想那些尖酸刻薄的辞句，诗文当然就会好。等到得志以后，一切情绪境界改变，文章也写不出来了。就算偶尔有个意境来，刚提笔要写，部属又来请示，他喊了一声报告，又把那个意境赶跑了。所以，文章学问，的确是"穷而后工"，这是中国千古的名言。

清人赵翼，吹牛说自己诗文好，留下了两句诗："熊鱼自笑贪心甚，既要工诗又怕穷。"这是引用《孟子》的典故，说熊掌与鱼二者不可得兼的意思，两样好菜不能同时来。赵翼借用《孟子》这两句话，描写自己又想学问文章好，又喜欢钱多官位大。结果，他说自己一辈子，文章也没有写好，官也没有做大，钱也没有赚够，一辈子不上不下，悬在半空之中。这是他的客气话，实际上，他的学问非常了不起，在三百年的文化历史中，也算是一个了不起的人。

总之，求学问是一点点累积起来的，愈加愈多，知识也愈加愈多；修道是把所有的知识学问，以及一切心中所有的，慢慢地减少。所以学问是加法，修道是减法；做学问是吃补药，修道是吃泻药，什么都要空掉，这两者相反。

"损之又损，以至于无为"，一切都空，空到了最后连空也把它空掉，空到一无所有；然后无所不有，一切皆知，一切皆有，就是这个简单的道理。文字很简单，意义也很简单，一说就明白了。问题是，做起来很难！如何能够把自己损之又损，放弃了又放弃，放到了一无所有之处，才能到达无所不知无所不有的境界！

一般学道的人，都是求有，自己实际上都在加。本来道理上知道是空，而在做工夫的方法上，自己都是在加。有的人学佛学道，有一个功利目的的思想；对世间的事情失意了，失败了，或者看不惯了，或者自己不合适了，就跑来修道。心中想，也许这方面可以超越，学会了比别人好，学会了可以解脱生死，可以跑到太空去玩……这种思想都是功利主义的思想，是"为学日益"的思想和动机，与"为道日损"完全背道而驰，也就是修道不可能成功的。

老子在这里清楚地告诉我们，人生在世能够学问成就，或修道成就，就要有两种能力："提得起"是做学问要"为学日益"；"放得下"是修道要"为道日损"，一切放下。但是普通一个人，能够具备这两种能力，两种智慧，两种勇气，所谓智勇双全，就太难了。普通的人，叫他做学问，才用功读了一个礼拜的书，便觉得很累，就停下来去玩了，为学不能日益。去修道做工夫的话，放不下，刚打坐几天，又觉得一天到晚坐着，淡而无味，浪费时间，也要跑出去玩玩，所以"为道日损"也做不到。因此，一般人多半都在为学未益、为道未损的情况下，提也提不起，放也放不下，就那样过了一生。这就是我们读了《老子》以后，自己应该反省的地方。

——《老子他说（初续合集）》

> 吾生也有涯，而知也无涯。以有涯随无涯，殆已。已而为知者，殆而已矣。——《庄子》

这两句话，"吾生也有涯，而知也无涯。以有涯随无涯，殆已"。青年同学抄起来，有依据可以不读书了，也可以不要联考了！他说我们生命是有限度的啊！学问知识是无穷尽的啊！拿有限度的生命，研究那个无穷尽的知识，多危险啊！你看这个真好吧！不要联考，也不要念书。有同学写日记、写信也提到过，他说：庄子说的生也有涯，你嘛！偏要我们研究学问，而知也无涯啊！下面两句，老师您忘记了。我一点都没有忘记（众笑），"以有涯随无涯"，以有限生命跟着无穷的学问知识去追！"殆已"，这太危险了。

这个话是养生的道理，像我们抗战的时候，在大后方，碰到老年的朋友问说，你身体好不好？说，好啊！我很讲卫生，第一卫生不看报纸，看到报纸又气、又伤心、又烦恼。这个也就是庄子养生的道理。所以，无知识是幸福。但是不要被庄子骗了。庄子既然这样说，那你又何必写那么多啊！对不对？可见他的话是骗你的嘛！等于白居易写了一首诗讲老子，"言者不如智者默，此语我闻于老君"，像我们天天哗啦哗啦上课吹自己,大家写文章也这样的。言者不如智者默,没有智慧才说话,真有智慧不讲话了。白居易讲这一句话是老子说的,"若说老君是智者",那么老子说这个话,他一定是大智慧人,"如何自著五千言",他怎么还写五千言《道德经》呢?所以我看老子碰到白居易,会被他问得一句话都答不出来。你既然说不说话是大智慧,你为什么写一部《道德经》,写了五千言?现在我们看庄子的《养生主》,他告诉我们知识无穷,不要去追,那他为什么写《庄子》?所以不要上他的当啊!

"已而为知者,殆而已矣。"以有尽的生命,跟着无穷尽的知识后面追,这是很危险的。知识是无限度的啃!我们拿到一点点知识,自己认为学问了不起,"已而为知者",自己认为是智慧很高,有了不起的学问,这是一个自找麻烦的危险分子,"殆而已矣"。这话真有道理,道理是什么?学问到了极点,道理都明白了,要能"入乎其内,出乎其外"。进得去跳得出来,然后把自己脑子中一切书本丢开了,成为白纸一张，到这个境界时，可以养生了，可以谈道了，可以学禅了。所以经常有许多人说禅，站起来跟我讲：老师啊！你不要叫我们看书嘛！我说不行啊！你学识不够。他说那个六祖呢？一个大字不认识呀！我说你该不是七祖吧？六祖以前没有六祖，六祖以后也没有找到七祖啊！六祖是六祖，你是你啊！那么六祖总不会超过释迦牟尼佛吧！释迦牟尼佛从小到大，世间学问都学遍了啊！你为什么不学释迦牟尼佛，而一定要学六祖呢？所以庄子讲这个话是对的，学问到了最高处，然后把所有的学问丢下来，那才是高明的人。自己没有学问，本来是一张黑纸，冒充一张白纸是不对的。

讲到养生，民间有两句话，不过不大好，消极一点，可是还是要告诉你们。我们小时候五六岁开始读书就先背这些，背了几十年，摇头晃脑摇进来的，那些是童子功，现在摇出来啦！"知事少时烦恼少"，知道的事情少，烦恼就少。"识人多处是非多"，认识人太多的地方，碰到就讲是非嘛！可是这些话，我们几十年肚子里知道，嘴巴不敢讲，太消极了一点。但是话说回来，为了养生的话，这两句话真是名言，也是《庄子》里出来的道理，所以知识越高痛苦越深，学问越深烦恼越大。这也是深深体验到的，有时候自己看到书啊！恨不得把它烧掉，就是被你害的，但是书并没有害人啊！历史上南北朝的梁元帝，最爱读书讲书，最后亡国了，十四万卷的图书，用一把火烧光了；他说我读书几十年，结果还弄得亡国，都是被书害的。你说他笨不笨！所以学问并不害人，要懂这个道理。

"吾生也有涯，而知也无涯，以有涯随无涯，殆矣！"这个道理就是说，人如何做到少烦恼，因为知道的越多，烦恼越深。现在有一本很流行的古书，就是《菜根谭》，这本书是明朝的一位儒家洪自诚先生作的，不过后来国内没有了，反而是日本人保留下来。民国初年，有人到日本留学发现了，同时买了很多中国失传的古书回来，《菜根谭》才流行起来。《菜根谭》的原文有几句话："涉世浅，点染亦浅，历事深，机械亦深，故君子与其练达，不若朴鲁，与其曲谨，不若疏狂。""涉世浅"，年轻人刚刚出来，入世不深，污染也不深；"历事深"，人生经历的事情太多，机械亦深。这个机械，就是代表那个有心计较的妄想，所谓机关用尽，那些烦恼也越多。所以他下面说的："故君子与其练达，不若朴鲁，与其曲谨，不若疏狂"，就是我们普通喜欢讲做人，人生经验都要通达，但反而不如有些地方马虎一点的好。

练达这个话，《红楼梦》这本书就有，我们小学的时候已经偷偷地在看《红楼梦》了，书上的好句子都会背，那个时候，认为《红楼梦》已经黄得不得了的，现在看起来觉得清白得不得了，现在的书更黄了。《红楼梦》的主角贾宝玉，这个活宝，不大肯读书，他的父亲在他书房里挂了一副对子："世事洞明皆学问，人情练达即文章。"实际上这两句话，一个人一辈子的修养如果能够做到的话，就是非常成功了。世事都很洞明，都看得很透彻，这是真学问；练达就是锻炼过，经验很多，所以对于人情世故很通达，这是大文章。本来这一副对子，是人生哲学的最高名言，可是我们这位少爷贾宝玉，最讨厌这一副对子，也就是道家庄子的这个思想。真洞明，真练达了，就会由极高明而到达平凡。这一类的思想在中国哲学里，是非常特殊的。西方文化也有这样的思想行为，但很少构成文字系统。而这一类的文字的系统，对于每一个人影响都很大。比方到了清朝以后，有名的这几个名士，如袁子才与郑板桥等等，都受这种思想的影响……

人类的知识不算学问，我们有个大学问，就是无所不知的那个道体，也就是我们生命的根源。自己活了一辈子，连生命的根源都不知道，白做了一个人，所以很可怜。庄子的观念是，认识了自己生命的本源，才算是真人。譬如吕纯阳，道家认为他得道了，所以叫吕真人；当然我们同学，将来如果得道了，就是李真人，张真人，某真人。

但是这个道要如何得呢？有两个路线，一个是抛弃了自己的小聪明，而求那个真正无知之知的大道；

另一个路线,把世间的学问知识参透到了极点,最后归到"一无所知而无所不知",也就得道了。这是讲知的重要。那么真知又是什么呢?印度佛学叫作般若,《金刚经》全名就是《金刚般若波罗蜜经》,般若中有个实相般若,就是道的智慧,不翻成智慧而用译音,因为翻成智慧意义不完全。"实相般若"与"知而无知",其实二者一样,所以印度文化,与中国文化搭配,就完全融会了。

——《庄子諵譁》

专精

要一门深入,方法不要学多了。方法多了,你没有智慧不能融会贯通,结果一样都无成。

"一门深入"，
做长期主义者

道不欲杂

> 夫道不欲杂，杂则多，多则扰，扰则忧，忧而不救。——《庄子》

"夫道不欲杂"，孔子这里说的道，不是修道的道，也可算是另一个原则的道；人生的大原则大道理，都是同样不能杂，要专一。这句话很重要，你们修道打坐，想证果位，要一门深入，方法不要学多了。方法多了，你没有智慧不能融会贯通，结果一样都无成。做人做事这个道，这个法则之道也是一样。"杂则多"，道杂了思想就多了；"多则扰"，思想多了就困扰自己;"扰则忧",困扰自己就烦恼忧虑;"忧而不救",人有烦恼忧虑在心中,救自己都救不了,还能救人家吗?还能够救天下国家吗?

——《庄子諵譁》

大道以多歧亡羊,学者以多方丧生。学非本不同,非本不一,而末异若是。唯归同反一,为亡得丧。——《列子》

"大道以多歧亡羊",这个大道是广义的,所谓道就是天下的大道,很宽的路,真理只有一个,真理本来就很简单嘛!后来儒家有儒家的真理,佛家有佛家的真理,道家有道家的讲法,耶稣有耶稣的讲法,越来越多了。

"大道以多歧亡羊",但是羊只有一只,跑出去,因为岔路太多了,岔路里头又有岔路,结果你永远找不到了。做学问修道也是,"学者以多方丧生",方法越多,懂得越多,最后是一无所成。依我看来,现在全世界的教育普及了，知识越来越广博，却没有真正的学问，就是"多方"，方向太多了，生命的真谛没有了，结果是"以多方丧生"。

"学非本不同，非本不一"，学问本来是一个东西，并非本来不同，也并非本来不是一个，真理就是一个。"而末异若是"，最后越学越复杂，所谓科学分门别类越详细越错。

现在学问就是这样，市面上出的书，依我看就是这样。这是我们讲到这一段的感触，学问到了越分析越详细，越科学化，学问也越没有了。"唯归同反一"，他说只有一切归纳，归纳又归纳，归纳到最后，找一个共同的归依，叫作唯一的真理，"为亡得丧"，就不会丧失了。

——《列子臆说》

笨、老实、一门深入

法无取舍，若取舍法，是则取舍，非求

法也。——《维摩诘经》

我小时喜欢作诗，我父亲就给我一本书，要我背里面的诗。我一读很欢喜，父亲说，这是附近一间庙子的和尚作的。那位师父是打鱼出身，一个大字不识。他不知什么因缘忽然出家了，经也不会读，就整天拜佛。那庙子地面是石块铺的，他拜了九年，石块都拜出印坑来了。后来他又忽然不拜佛，去睡觉了，一睡睡了三年，中间有时连睡几个月动都不动的。他师弟在他屁股上放碗水，第二天再看都没翻掉，还以为他死了，好在他师父知道他是入定去了。三年以后，他作文章作诗都会。这是我亲身见到的，说明你拜佛或用什么法都好，只要诚恳，专心一致，系心一缘，制心一处，无事不办。你搞净土，又参禅又学密，到处找能让自己快一点成就的法门，好像在买股票一样，是一无所成的。一门深入的话，诚恳拜佛也会悟道的。佛法其实很简单，制心一处，无事不办，专一就成功了,不要念"多心经"啊!

——《**维摩诘的花雨满天**》

以我所晓得的,几十年来看到修道学佛的人,或心脏病突发、高血压,严重一点脑神经分裂,都死在这几种病上。除非禅定工夫很高的,预先晓得自己何时会死,那是很少很少的。其实有些乡下人,一个大字不认识的愚夫愚妇,规规矩矩念佛的人,那些人倒是善男子善女人,有时候倒还能够做到预知时至。你们诸位真正想成佛当神仙的,只有一个法门,就是笨、老实、一门深入。

——《**我说参同契**》

修行要一门深入没有错。这是佛法鼓励你的话,而且不止修行,读书做学问也要如此。这个道理有个比方,譬如挖井,第一天挖五尺深,挑出来二十担泥,第二天又挖了五尺,可是只挑出来十五担泥,因为深了比较难把泥挑出来。你挖到十丈深的时候，可能一天只挑一担泥上来。一口井挖到见了水，就成功了。一门深入就是要你专一挖下去，一口气挖到底。不要挖了一两天，觉得好像没有效果不见水，就放弃了，又找一个地方去挖，这样不会成功。所以鼓励我们要一门深入，这是修行的一个原则。

你们同学有时问，老师一下讲天台，一下讲禅宗，一下又要我们修准提法。是啊！我讲那么多方法，你准备修哪一个法？一门深入是在你啊！老师像是开百货公司，不是只卖一种馒头的馒头店！你来百货公司逛，爱馒头就买馒头，爱准提法就修准提法嘛。结果你逛了半天，什么也不爱，又批评这里东西太多，不是昏头吗？

——《维摩诘的花雨满天》

真做学问，
要从原典入手

我向来主张，读古书不要一味迷信古人的注解。读秦汉以上的书，不可以看秦汉以后人的注解，要自己以经注经，就是读任何一本经书，把它熟读一百遍，乃至一千遍。熟了以后，它本身的注解就可以体会出来了。如跟着古人的注解，他错了，自己也跟着他错，这后果可不得了。须知古人也是人，我们也是人，古时有圣人，现在也可以有圣人，为什么不立大丈夫的志向呢？

——《孟子旁通》（下·离娄篇）

我们做学问的办法，最好以经注经，以他本身的学说，或者本人的思想来注解经典，是比较可靠的事。然后，把古人的学说消化以后，再吐出来，就是你自己的学问。

有些人做学问，对古人的东西没有吃进去，即使吃进去，也消化不了，然后东拉西扯，拼凑一番，这方法是不能采用的。我们要真的吃下去，经过一番消化，再吐出来，才是真学问。正如雪峰禅师所谓："语语从胸襟中流出，盖天盖地。"

——**《论语别裁》**

现在研究佛学最好的办法，近百年来的著作最好不看，包括我的在内。不是说这些完全不对，而是最好读原经。这不只是研究佛学，做其他学问也应该读原典。读了原典熟了之后可以"以经注经"，会融会贯通。像我们读到"法不可住，若住于法，是则住法，非求法也"，《金刚经》的"应无所住而生其心"就可以注这里了，或也可以用《维摩诘经》这句话去注《金刚经》，就清清楚楚了，后人的著作就变多余了。

清乾隆年间的大学问家纪晓岚,他奉皇帝命编成了《四库全书》,共五万多册,不过其中有不少已被古人烧了。纪晓岚编了这样的巨制,自己没什么著作,他自言再写什么书!古人都说过了,何必再多余来浪费纸张呢?这是真话,书读多了就不想写了,有时自己认为发明了什么大道理,一查,古人早就说过了,只有气自己不如古人了。研究原典就有这个好处。

——《维摩诘的花雨满天》

我常劝学佛的同学们,不要陷于这一百年来的佛学著作及注解中,昏头转向,应该直接研究佛经。至于名词不懂,则可查佛学辞典,乃至于我所写的及我所说的,只是帮助诸位了解研究佛经而已,不要以我的话为标准,要直接以佛经为依归。

前几天,我的一位在大学担任系主任的学生来找我，说最近准备写一本《××概论》，问我怎么写较为妥当？我说你不要再写什么概论了。我向来对学生看什么概论持保留态度，什么哲学概论、文学概论、政治学概论、经济学概论，唉！已经概了几十年了，还在那里穷概。一把剪刀，一罐糨糊，东抄一段，西剪一段，就是一本概论。奉劝各位，真要做学问，须直接从原典入手。

最近国外有人写信问我，想要研究佛学，第一步要从哪一本书入手，我想了一下，还真答不出来，只好回说没有。但是假如要看佛学概论的话，印度佛教本有的佛学概论有两本，一是《大智度论》，一是《瑜伽师地论》。中国的佛学概论是智者大师的《摩诃止观》，以及永明寿禅师的《宗镜录》。他说老师，这些概论我看不懂呀！看不懂，我也没有办法。

注意！学佛要依经不依论，佛经看不懂的话，一字一字慢慢啃，一字一字慢慢查，下苦功夫，配合日常生活的反省检点终会有所体会的。

——《圆觉经略说》

这些文字你们看来都懂，但由于缺少好学深思，故懂是懂，始终无法细腻深切地体会经中的奥义。

　　学人要深入经藏，非得切实发求证心仔细参究，并将所读经文彻底回归于自己内心不可。一切经论到头来都超越他人的注解。要直接阅读原典，以完完全全恳切朴实之心，彻底投入，才可亲尝法味，获益无穷。

——《**学佛者的基本信念**》

　　《中庸》第一句所说的"天命之谓性"的"天"和"性"两个字的名词，它所指的内涵是什么呢？其实，刚才我们在前面已经讲过《中庸》所据的根源，是由《周易》坤卦的《文言》，以及《系传》等的内涵而来，希望大家首先便要反复注意。现在我们只要采用一个最老实、最笨、也最聪明的读书方法，便是"以经注经"，乃至"以史证经"的方法，便可自能融会贯通其意了。

例如有关本文的天和性字，你只要把《中庸》全书的结尾，他所引用《诗经·大雅·文王之什》"上天之载，无声无臭"两句，便可知道他在这里所提出之天，既非物理世界天体的天，也不是宗教性的玄天上帝之天。《中庸》首先所说的天，是代表心物一元形而上的义理之天。那么有关于性字呢？它是指的天性、人性、物性，或是明心见性的性，以及世俗通用所认为的性欲之性呢？答案也很简单。《中庸》在这里所指的性，是天人之际，心物一元，人生生命本有的自性。你只要详读《中庸》原文，便有子思自注的"自诚明谓之性，自明诚谓之教"，以及"性之德也，合外内之道也，故时措之宜也"，就可完全明白他在《中庸》首节提出的"天命之谓性"的性，是指人道根本的自性，它是人们有生自来与天道相通的本性，所以他用典雅浓缩的言文，只需简单明了五个字"天命之谓性"，就可直指人心，自悟自性了。

——《**话说中庸**》

好书不厌百回读，
熟读深思子自知

我今天与诸位朋友碰面，首先劝劝进入金融界的大家。我算算大家的时间，上班八个钟头，早晨起来到晚上，中午跟晚餐的应酬大概要两三个钟头，吃吃饭，聊聊天，喝喝茶，抽抽烟，讲些空话，然后根本没有时间办公了，考虑的就是这个"钱"字。十个杯子一个盖，到底要怎么盖？这就是说你们玩弄精神，回来茫茫然，自己的人生没有方向。

尤其碰到我们这二三十年真正的安定，如果研究历史，这样的安定前所未有，但是这个安定是非常空虚的，真的很空虚，没有根基的。因此我发现社会上各行各业的人有个通病，问到前途都很茫然，没有方向,一切都不敢信赖,因为知识太渊博了,所见所闻太多。我们这一代啊,像你们诸位这个年龄,我拿六十岁来计算,受这个时代的文化教育影响,没有真正的学问中心,可是知识又非常渊博,各方面都知道,都很清楚,也很茫然,整个的茫然。我劝大家学金融的要多学文学,最好每天抽时间学一点,少去应酬,听说现在北京应酬一餐可以吃到一万块,我们觉得很好笑,这种生活我们年轻时都经历过了,可是自己没有人生宗旨是很可怜的。

——《廿一世纪初的前言后语》

我们研究《维摩诘经》,要再三反复地复习,像古书这些经典,看一次二次三次就认为自己看过了,那等于完全没有看。古文的经典为什么要背?"好书不厌百回读"是古人的读书方法,同一本书每一次读起来的理解都不同。现代人读书多,知识是渊博了,可是学问越来越差,因为没有深入,"好书不厌百回读"的精神没有了,一本书以为看过就好了,读两三遍就觉得浪费了。

——《维摩诘的花雨满天》

"文字郑重说,世人不熟思",古今以来仙佛留下来的经典,修仙修道的法则都有了,只是一般人读书自作聪明,以为自己懂了,只是文字懂了而已,没有好好熟思。所以我们说读道书佛经要万读不厌,据我的经验,每次读每次理解不同。古人有一句话,"好书不厌百回读",就是这个道理。

——《我说参同契》

我以前的一位老师,他是清朝最后一次科举的探花。我学习旧体文写了一篇文章向他请教,他许以在清朝时考一名举人、进士没有问题,我当时也很傲慢,心想前清进士的文章,也不过如此而已。后来碰到一位老师,我把写的诗文拿给他看,他派头十足,瞄一眼，往旁边一搁，响都不响。我心想这是什么道理？后来写了一篇文章，再给他看，又是往旁边一摆，他说："你怎么会写文章？"我说："人家还说写得不错哩！"我这个人狂妄得很，我说："老师，你说哪点不对？不对的，帮我改。"他说："《伯夷叔齐列传》你读过没有？"我说："当然读过呀！《古文观止》上都有，我还背得呢！"他说："你背过了《伯夷叔齐列传》，你就懂吗？"我说："那么，要请老师再加指点。"他说："你回去。再倒背一百遍，背完了来见我，再告诉你！"这位老师真了不起，我心里很不服气，气得不得了，其实他这种教育法，当时是要刺激我。我回去再看，后来看出道理来了，我去看他，我说："老师，我看出道理来了，我讲给你听。"他笑着说："好！你真懂了，不需要再讲了。你也可以写文章了，这样才能懂历史文化，文中才另有一只眼呢！"这位老师的教育手法是这样的好，实在终生感激不尽。

——《论语别裁》

次第

《论语别裁》是我很重要的一本书,另一本非常重要的是《原本大学微言》。

为谁而读书？

> 子曰：古之学者为己，今之学者为人。——《论语》

这两句话我们有几方面值得注意。第一点应注意到的，这是孔子对中国文化发展史的看法。

第二点，研究这两句话，怎样为己？怎样为人？一般说为己就是自私；为人就是为大家，也可强调说是为公。"古之学者为己"，古人为自己研究学问。"今之学者为人"，现在人为别人研究学问。这个问题就来了，从文字表面上看，可以说后世的人求学问，好像比古人更好，因为是不为自己而为人家，这是一种观点。

刚好昨天有一位同学，讨论到这个问题。他写一篇博士论文，中间有一段，引用了这两句话，做东西文化的比较，就是持这种观点。我告诉他，这一观点可以成立，但是有一个事实，我们中国人过去读书，的确有大部分人还保持了传统的作风。这一传统的作风，类似于现代大学中最新的教育，或者西方最新的小学教育，所谓注重性向教育，就是依照个性的趋向，就个人所爱好的，加以培养教育，不必勉强。

一个喜欢工程的人，硬要他去学文学，是做不到的。有许多孩子，自小喜欢玩破表、拆玩具，做父母的一定责罚他不该破坏东西。在教育家的眼光中，这孩子是有机械的天才，应该在这方面培养他。

我们中国人过去读书，老实说不为别人求学问。而现在一般人求学问，的确是为别人求学问。一个普通现象，大专学生为了社会读书，如果考不取，做父母的都好像感到失面子，对朋友也无法交代。读书往往为了父母的面子、社会的压力，不是为自己。目前在大学里，有些重要的科系，男生人数还不到三分之一，几乎满堂都是女生。譬如哲学系的课，学生有七八十人,他们真的喜欢哲学吗?天知道!连什么叫哲学都不懂,为什么考到这一系?将来毕业了,出去教书都没人要。社会上听到哲学系,认为不是算命看相的,就是神经。可是为了什么?凭良心说,只是为了文凭。有的女孩子,学了哲学干什么?当然也可以成哲学家,不过没有家庭的好日子过,既不能做贤妻,又不能为良母,那就惨了。

可是现在的教育,任何一系,都少有为自己的意志而研究的。曾经有一个学生告诉我,当年他在大二读书的时候,有一天真被父母逼得气了,就对父母说:"你们再这样逼我,我不替你们读书了!"他说那时候心里真觉得自己努力读书,是为了父母在朋友面前显示荣耀而读的,在自己则并无兴趣。那么今天的人读书,从文字表面上看,"今之学者为人",为别人读书,至少是为社会读书。社会上需要,自己觉得前途有此必要而已。说是自己对于某一项学问真是有了兴趣,想深入研究追求,在今日的社会中,这种人不太多。

照目前的状况，如果缺乏远见，我敢说，二三十年后，我们国家民族，会感觉到问题非常严重。因为文化思想越来越没人理会，越来越低落了。大家只顾到现实，对后一代的教育，只希望他们将来在社会有前途，能赚更多的钱，都向商业、工程、医药这个方向去挤。如物理、化学等理论科学都走下坡了，学数学的人已经惨得很。在美国，数学博士找不到饭吃，只好到酒馆里去当酒保，替人调酒，还可赚美金七八百元一个月。

放大点说，这不仅是中国的问题，全世界文化都如此没落。二三十年后，文化衰落下去，那时就感到问题严重。在座的青年朋友还来得及，努力一下，十年、二十年的工夫用下去，到你们白发苍苍的时候，再出来振兴中国文化，绝对可以赶上时髦。

从过去的历史经验来看，时代到了没落的时候，人类文明碰壁了，就要走回头路。所以今日讲承先启后，的确需要准备。可是全世界的文化，目前还没办法回头，叫不醒，打不醒的，非要等到人类吃了大亏才行。没有人文思想，人类成了机械，将来会痛苦的。所以这两句话，也可解释为：以前的人读书是为了自私，现在的人读书是为公，不过这种解释是错误的。再另外一个观点，我们中国文化里，宋代大儒张载——横渠先生说的："为天地立心，为生民立命，为往圣继绝学，为万世开太平。"这四句名言已成为宋代以后中国知识分子共同的目标。学者为这目的而学，应该如此。

——《**论语别裁**》

怎样才算是知识分子？

曾子曰：士不可以不弘毅，任重而道远。仁以为己任，不亦重乎！死而后已，不亦远乎！——《论语》

我国上古文化，两三千年前的士，有点类似现在的兵役制度，这是上古的政治制度，也是社会制度：每十个青年中，推选一人出来为公家服务的，就是士。所以士是十字下面加一横。被选为士的人，要受政治教育，学习法令规章。士出来做官，执行任务做公务员，就叫出仕。所以古代的士，并不是普普通通一个读书的青年就可以叫士。士的教育都是政府主办，一个士要想知道法律政治，须向官方学习。平民教育是由孔子开始的，不过当时没有这个名称。曾子这里所讲的士，已经不是上古时代的士，而是读书人知识分子的通称。所以他是说一个读书人有读书人的风格。

"不可以不弘毅"，"弘"就是弘大，胸襟大，气度大，眼光大。"毅"就是刚毅，有决断，要看得准、拿得稳，对事情处理有见解。有些人有见解，但请他当主管，却搞得一塌糊涂，因为他下不了决断；有人很容易下决心，但眼光不远，见解有限。所以把眼光、见解、果断、决心加起来的"弘毅"，而且中间还要有正气，立场公正。他说一个知识分子，要养成弘与毅是基本的条件。为什么要养成这两个基本条件呢？因为一个知识分子，为国家、为社会挑起了很重的责任。"任重而道远"，这个道是领导，也是指道路。责任担得重，前面人生的道路、历史的道路是遥远的、漫长的。社会国家许多事，要去挑起来，走这历史无穷的路。所以中国过去教育目的，在养成人的弘毅，挑起国家社会的责任。我们现在的教育，受了西方文化的影响，于是"生活就是教育"，由此一变而成"现实就是教育"了。换言之,"知识就是钞票",学一样东西,先问学了以后能赚多少钱。所以我国文化中古代的教育精神,和现在是两回事,两者处于矛盾状况。当然,这只是一个过渡时期。在我看来,是要变的,要回转过来的。不过在变、在回转过程夹缝中的我们这一代,几十年来实在很可怜。但是我们对未来的还是要认识清楚,将来还是要走上这条路,这是教育的基本目的。

下面的话是引申,一个知识分子,为什么要对国家社会挑那么重的责任?为什么要为历史、为人生走那么远的路?因为一个受过教育的知识分子,仁就是他的责任。什么是仁?爱人、爱社会、爱国家、爱世界、爱天下。儒家的道统精神所在,亲亲、仁民、爱物,由个人的爱发展到爱别人、爱世界、乃至爱物、爱一切东西。西方文化的爱,往往流于狭义;仁则是广义的爱。所以知识分子,以救世救人作为自己的责任,这担子是挑得非常重的。那么,这个责任,在人生的路途上,历史的道路上,要挑到什么时候?有没有得退休呢？这是没有退休的时候，一直到死为止。所以这个路途是非常遥远的。当然，要挑起这样重的担子，走这样远的路，就必须要养成伟大的胸襟、恢宏的气魄和真正的决心、果敢的决断、深远的眼光，以及正确的见解等形成的"弘"、"毅"两个条件。

——《论语别裁》

先从"洒扫应对"学起

在中国文化中,对于家庭教育,列有明训的,最早莫过于《礼记》。我总希望中国人、中华民族,都能先行深切了解自己的文化。至少,也须人人一读《礼记》的重要部分,所以在此不再详引。但是依照古礼——也可以说是古代的文化制度,童子六岁入小学,先从"洒扫应对"开始学习。以现代语来讲,便是先从生活的劳动教育入手,以养成清洁整齐的习惯;然后施以待人接物的礼貌教育,这便是所讲"应对"的内涵。换言之,古礼的六岁入小学,先从"洒扫应对"开始,它的教育精神,是注重人格的培养和礼仪的规范,并非先以知识的灌输为教育的前提。所以在《论语》中记载孔子的教育,也说"弟子入则孝，出则弟，泛爱众，而亲仁，行有余力，则以学文"。透过这个主要的中心思想，便可想而知中国古代对于"洒扫应对"的儿童教育，也是在入学后开始。难道六岁以前，在家庭方面，便没有教过"洒扫应对"的事吗？事实不然，所谓"洒扫应对"的教育，当一个儿童在家庭中受到父母家人身教的熏陶，早已耳濡目染，所谓不教而教，教在其中已矣。六岁开始入学，除了注重儿童的生活教育和礼仪教育的基础以外，便以知识和技能的养成为前提，那便是礼、乐、射、御、书、数等有关文事武功的"六艺"。到了十八岁入大学，才实施立身处世的成人教育。所谓"学而优则仕"，便是指这个青年阶段前后的教育而言。

——《新旧教育的变与惑》

"洒扫、应对、进退"六个字，是古人的教育，包括生活的教育、人格的教育，是中国文化三千年来一贯的传统。如果有外国人问起我们中国文化教育方面,过去的教育宗旨是什么?我们不是教育专家,专家说的理论是他们的,我们讲句老实话,中国过去的教育,主要的是先教人格的教育,也就是生活的教育。美国也讲生活的教育,但美国的生活教育是与职业、与赚钱相配合,而我们过去的生活教育是与人格的建立相配合,不管将来做什么事,人格先要建立。这就是中国文化的教育。现在我们的教育跟着西方走,所谓的生活教育,则是美国式的生活教育,教出来的孩子,先以能够谋职业,有饭吃,谋生为第一。其中差别很大很大,这是教育上一个大问题。当然将来会变,依我的看法非变不可,不变就不得了。社会自然会使它变,中国几千年来的文化,不是偶然的,到了某一情势、某一阶段,自然会变。

过去孩子们进了学校,首先接受的教育就是"洒扫、应对、进退"这几件事。洒扫就是扫地,搞清洁卫生等,我们现在小学、中学都有,好像和古代教育一样,其实是两样的。我们从西方文化学来的教育,制度变了，教务、训导、总务三个独立。等于一个政治，三权分立，三样都不连系，结果三样都失败。教务只教知识没有教学问；训导是空的；总务呢？下意识中就认为是搞钱的。变成了这样，可见我们整个教育制度没有检讨，因此学生对学校大体上都是坏印象。中间细微末节的事还很多，譬如老师下命令搞清洁，就没有一个搞好清洁。我经常说搞总务之难，一个好的总务，是宰相的人才，汉代的萧何，就是搞总务的。总务这门学问，在学校里有家政系（这个翻译得不好，实际上就是内务系），训练内务人才。但总务始终很难搞好。任何一个机关团体，一上厕所就发现毛病，管总务的也不可能每天去看每一个抽水马桶，这就可见总务上管理之难。至于洒扫方面，现在的青年连地都不会扫，虽然中学小学要扫地，可是拿到扫把挥舞，反而把灰尘扬得满天飞，抹去桌上灰尘，转身反而抹到墙上，连洒扫都没学会，生活教育真不容易。其次的"应对"，更成问题。现在的学生几乎不会应对，如问他："贵姓？"他就答："我贵姓某。""府上哪里?"他会说:"我府上某地。"就是如此,应对的礼仪没有了,这是大问题。最后"进退"更难了,一件东西该拿不该拿?一件事情该不该做?是大学问,小的时候就要开始教。如吩咐去向长辈拜年,到了亲友家,该站该坐?站在哪里?坐在哪里?进退之间,做人的道理,都要注意教育,现在这些都没有了。古代的教育,就从洒扫、应对、进退这些地方开始。

中国的古礼,周公之礼,六岁就读小学,小学就从这种生活规范学起;进一步八岁十岁认字;十八岁入大学,那是学大人。所以中国文化,小学这个阶段,就是求做人的知识。先培养一个人,然后再讲高深的修养,才是大学之道,这是我们中国过去文化教育的路线。

——《论语别裁》

成年人的第一课

大学之道，在明明德，在亲民，在止于至善。知止而后有定，定而后能静，静而后能安，安而后能虑，虑而后能得。物有本末，事有终始，知所先后，则近道矣。

古之欲明明德于天下者，先治其国；欲治其国者，先齐其家；欲齐其家者，先修其身；欲修其身者，先正其心；欲正其心者，先诚其意；欲诚其意者，先致其知；致知在格物。物格而后知至，知至而后意诚，意诚而后心正，心正而后身修，身修而后家齐，家齐而后国治，国治而后天下平。

自天子以至于庶人，一是皆以修身为本。其本乱，而末治者否矣。其所厚者薄，而其

所薄者厚，未之有也。此谓知本，此谓知之至也。——《大学》

生命心性的基本修养

中国文化的儒释道三家，各有三句话需要了解的，就是佛家讲"明心见性"，儒家叫"存心养性"，道家说"修心炼性"。实际上，这就是生命的大科学。

《大学》里头有几句话，你们大概都会背吧！"大学之道，在明明德，在亲民，在止于至善。"这是大原则。中国自古的传统文化，六岁入小学，十八岁已成为成年人了，便进入大学。大学者，大人之学也。所谓大人，就是成年人的意思，成年人的第一课，先要认知生命心性的基本修养。所谓"明明德"，就是明白心性问题。这个"德"字，"德者得也"，得到生命本有的学问，这属于内学，也叫内圣之学。

儒家所谓的圣人，在道家老庄的讲法叫真人，你听这个名称就可以知道，一个人成年以后没有真正修养心性，都是不够成熟的，就不足以称为成年人。以真人这个名称来说，必须要有真正心性的修养，认得那个生命根本。道家所说的真人就是神仙，超乎一般平庸的人了。换句话说，没有明白自己生命根源的心性以前，都是行尸走肉的凡人，也就是假象的人而已。"大学之道，在明明德"，是在说明"内圣"以后，才可以起大机大用之"外王"。这个"王"字，"王者用也"，上至帝王，下至贩夫走卒，不过是职务的不同，其实都是启动心性外用的行为。所以"在明明德，在亲民，在止于至善"，这样才是一个完成圆满人格的人，也可以叫他是圣人或真人了。

那么怎么修养呢？我背给你们听，这里头有七个程序："知止而后有定，定而后能静，静而后能安，安而后能虑，虑而后能得。"你看"知止而后有定"，第一个是知性的问题。知，就是每个人生来能知之自性的功用，学佛学道，成仙成佛，第一步也都先要知道"知止而后有定"。譬如我们大家现在坐在这里，都知道自己坐在这里吗？这个能知之自性是什么呢？这个能知之自性不在脑里头，也不在身上，是与身心内外都相通的。但现在西方医学与科学都认为能知之自性是生理的、唯物的，归之于脑的作用，其实脑不过是身识的一个总汇。这个问题要详细研究，是很深刻、很广泛的，不是一两个钟头能讲得清楚的。我们中国文化讲本体是心物一元的，知性不在脑，是通过脑而起作用，这个要特别注意。

再说我们的思想、身体要怎么定呢？平常人的知性，是跳跃、散乱、昏昧不定的，但是又必须要以知性的宁静、清明把散乱、昏昧去掉，专一在清明的境界上，这才叫作"知止"。知止了以后再进一层才是定。佛教进来中国以后，把大小乘修行的一个要点叫"禅定"。"禅"是梵文的翻音，"定"是借用《大学》"知止而后有定"这个"定"字来的。

这个"知止而后有定"的境界，渐渐会进入一种安详、静谧的状态，这叫作"静"。到了静的境界以后，再复进入非常安宁、舒适、轻灵的境界，这叫作"安"，借用佛学特别的名词，叫它是"轻安"。再由轻安、清明、不散乱、不昏昧，非常接近洁净的境界，就会发起"不勉而中，不思而得"的慧力，这叫作"虑"。

这个"虑"的意思，不是思想考虑的虑，是在定静安适的境界里自性产生的智慧功能，不同于平常散乱、昏昧的思想，它是上面所说的"不勉而中，不思而得"的智慧境界，这两句名言出自曾子的学生子思所著的《中庸》，就是对于"安而后能虑"的诠释。我们现在借用佛学的名词来说明这个"虑"字的内涵，就是"般若"的境界，中文可翻译为"慧智"。它不同于一般的聪明，我们现在用的思想学问都是聪明所生，不是慧智，慧智跟聪明大有差别。透过这个慧智，然后彻底明白生命自性的根源，在《大学》就叫作"虑而后能得"。得个什么？得个生命本有智慧功能的大机大用，这才叫作"明明德"。

换句话说，我们这个生命，思想像陀螺一样在转，佛法告诉我们，一个人一弹指之间，思想有九百六十转，这是生命中认知的大科学。比方我们写一篇文章或写一个字，那里头不知有多少思想在转动啊！

你给情人写一封信,"亲爱的,我爱你……"这一念之间的思想情绪已经从国外转起,转到中国了。像人们谈情也好,讲话也好,思想转动得很厉害,极不稳定。注意哦!比如我们说一个"现在",这句话是一个思想,是一个念头在动,这是"想"不是"思"。当说个"现在",里头早已经想到下面要说的另一句话,不止几百转了,这是很微细的"思"的作用。因此要随时知止,把它定在那里,像陀螺一样虽在转动,其实陀螺中心点都在本位。所以说"知止而后有定",这是第一步啊!

"定而后能静",什么叫静?这里头牵涉到物理科学。宇宙的功能究竟是动还是静,都是个大问题。世界上万物的生命没有真正的静止,生理、物理的世界都在动。轻度的动、慢慢的动,看起来是安静的,这是假的静,不是真的静。譬如前两天的地震,本来地球内部都在变动,不过现在因为地球内部的物理变化,地和风(气)、水、火中间起大冲突,有大的震动,我们才明显感觉到震动。其实有很多的震动,我们是感觉不到的,而有些其他的生物反而比我们更能感受得到。

如何才能做到"静而后能安,安而后能虑,虑而后能得"呢?最重要的就是要能"知止",真正认知一个能使它安静下来的作用,才能做到所谓的大静、大定,那就要牵涉到哲学上的本体论,现在只能大略带过。所以《大学》之道讲"修身、齐家、治国、平天下",首先须从知、止、定、静、安、虑、得的内圣的静养开始,这是中国几千年以来的教化的传统。

——《廿一世纪初的前言后语》

请注意两本书

我发现大家有个错误观念,以为南怀瑾是个学佛打坐搞修道的人,想跟他学一点修身养性,如不能成仙成佛,也至少祛病延年。这个观念错了,不是这样一回事。我从昨天晓得以后到今天,就自己反省,我太马虎了,郭校长他们太热诚了,这活动本来是个好事，可是搞严重了。

大家真的要学，就千万不要认为这一套是长生不老之学，什么健康长寿、成仙成佛，不要存这个希望。我活到九十多岁，一辈子都在找，也没有看到过仙佛。那么有没有这回事啊？有，但是找不到。

仙佛之道在哪里？今天正式告诉大家。我的著作很多，大家要学修养身心，重点是两本书，请诸位听清楚，一本是《论语别裁》，讲圣贤做人、做事业的行为。书名叫作"别裁"，是我客气谦虚，也是诚恳真话；我不一定懂得中国圣人之道的传统，不过是把我所了解的解释出来，其中有许多解释与古人不同，有的地方推翻了古人，很大胆，因此叫作"别裁"，特别的个人心得。譬如一块好的布，裁缝把它一块一块裁剪了，重新兜拢来做成衣服。我在序言里也讲到，我不是圣贤，只是以个人见解所了解的中国文化，做人做事是这样的。所以你不管学佛修道，先读懂了《论语别裁》，才知道什么叫修行。

现在有个流行的名称叫"粉丝"，据说外面我有很多粉丝，其实都是假的，他们自欺欺人，我也自欺欺人，他们连《论语别裁》都没有好好看过、好好研究过。因为我这一本书出来，之后外面讲《论语》的多起来了，各个大学都开始讲《论语》，我也很高兴。《论语》真正是讲圣贤做人做事的修养之道，也就是大成至圣先师孔子的内圣外王之道。孔子是中国的圣人，在印度讲就是佛菩萨，在外国就叫作先知，在道家叫作神仙。可是儒家的传统上，只把大成至圣孔子看作是一个人，不必加上神秘外衣，他就是一个人。

《论语别裁》是我很重要的一本书，另一本非常重要的是《原本大学微言》。诸位如果说对我很相信，请问《原本大学微言》读过吗？不要说读过，翻过吗？看得懂吗？要问打坐修行修养之道，《原本大学微言》开宗明义都讲到了。

今天我仔细反省的结果，不要给大家一条错误的路线，因此我叫郭校长发给大家《大学》这一篇，你要先把这个搞清楚。我从八岁起就读《大学》了，从这个宗旨来讲，佛的道理不离它的。

（师朗诵）"大学之道，在明明德，在亲民，在止于至善。知止而后有定，定而后能静，静而后能安，安而后能虑，虑而后能得。物有本末，事有终始，知所先后，则近道矣。"这是第一节，要会背，你们教孩子要会背，自己也要会背。每个人朗诵着读，不是唱给人家听，朗诵的时候自己要晓得。

《大学》之道是大人之学。中国古代的传统，周朝以前的教育是八岁入小学，到了十八岁由童子变成大人了，开始教《大学》，教你如何做一个人。

我刚才读的《大学》第一节有三个纲要，叫作三纲："大学之道，在明明德，在亲民，在止于至善。"怎么解释呢？我们几千年来很多人解释这一本书，在中国文化中，它是内圣外用之学，由一个普通人变成圣人，就是超人，超人就是仙、就是佛了嘛。但儒家不加宗教的花样，仙啊、放光啊、神通啊，都不谈的，只是说如何做一个人。"大学之道，在明明德"，什么是明德呢？明德就是得道；明德以后去修行，起行，做济世救人的事就是亲民；止于至善是超凡入圣，变超人，天人合一了。这是讲从一个凡人成为知道生命来源的圣人的三个纲要，叫三纲。

大家要学佛，对不起啊，我请问一个问题，不是质问，是请教。哪一位朋友简单明了告诉我，什么叫佛？想学佛嘛，佛学要懂哦！先要知道什么是佛。自觉，觉他，觉行圆满，叫作佛。佛在印度文叫Buddha，现在的翻译叫佛，老的翻译叫佛陀，也就是我们唐朝的音，意思是明德，亲民，至善，自度度他，自利利他，功德圆满，智慧成就。不懂这些基本原理，一味盲目地打坐修行，你成个什么佛啊？

"自觉"是自悟，自己悟了，所谓证得菩提就是悟了，找到生命的根本；"觉他"是度一切众生。在《大学》呢？明德就是自觉；亲民就是觉他；自己悟了，证得菩提，行为、功德做到度一切众生，利益大众，这些都完成了，止于至善，这样叫作觉行圆满，就是佛。换句话说，自利，利他，功德智慧圆满，就是"大学之道，在明明德，在亲民，在止于至善"。所以佛学跟《大学》所讲的一模一样，不过大家不懂得自己的文化，中国本来就有的啊！讲佛也好，神仙也好，都离不开它的范围。自己没有中国文化根本的基础，想去成仙学佛，搞打坐，那是干什么呢？自误误人。

不过反过来讲，学打坐也对啊。他说"大学之道，在明明德"，怎么明呢？道怎么得呢？怎么明白生命的根本意义呢？"知止而后有定，定而后能静，静而后能安，安而后能虑，虑而后能得"，这不是都讲得明明白白吗？就此一路过来得到那个明德，得道了。好！你看他的方法，也就是打坐的方法，知、止、定、静、安、虑、得，一共七步工夫，七证。所以后来佛学说修禅定，这个禅定的翻译就是从"知止而后有定"来的，用《大学》的啊，所以禅定也叫作静虑。

这一段，大家要背来。"大学之道，在明明德，在亲民，在止于至善。知止而后有定，定而后能静，静而后能安，安而后能虑，虑而后能得。"这个修养工夫的程式，也就是求证大道的学养步骤，都跟你讲完了，一步一步，就得到道，得到明德了。这是讲内圣之学，自己内在的修养工夫。

跟着三纲还有八目，就是八个方向。怎么样能够达到打坐工夫的境界，达到圣人的学问和修养的程度呢？"致知在格物，物格而后知至，知至而后意诚，意诚而后心正，心正而后身修，身修而后家齐，家齐而后国治，国治而后天下平"，这叫八目，格物、致知、诚意、正心、修身、齐家、治国、平天下，八个大项目、大方向的外用之学。

这一段内容，你可以当成咒语念，是真的哦！我书上提到过这个故事，现在讲给大家听一下。

我年轻的时候同大家一样，到处求师，求神仙，拜菩萨求佛，要修行，找门路。当时去大后方，经过长江湖南的边缘地带，有一派修道的人，里面有个神仙，徒弟很多，据说有神通，本事很大，很多人生了病找他，他会画符念咒，拿一杯水，嘴里念，手在水上画，喝了病就好了。真厉害，好像小病都喝好了，我心里想，这是什么咒啊？是不是出家人的观世音菩萨大悲咒啊？所以我非拜门不可，非求这个法门不可，磕头花钱，向他求了半天。我这个膝盖太容易了，我说骗人最好用的，一跪磕头，叫一声师父，就把他哄死了，什么都告诉你。但是我自己一生不上这个当的，大家不要跟我磕头，我不是佛，也不是圣人，更不是神仙，我是专门给别人磕头的。

转回来讲，拜门吧，花多少钱都要学。他说："六耳不同传啊。"什么叫六耳不同传？你磕了头花了钱，过来跪在旁边，只对着你一个人的耳朵讲。先传你五个字的口诀，这个是秘密、密宗，然后传你咒语，你也会画符水给人家治病。诸位学会可以去试验啊，但是不能对外讲的，我现在关起门来告诉大家（师微笑作神秘状）。我规规矩矩跪着，原来五个字的诀是"观世音菩萨"，"南无"都不要念了。

哎哟！我一听，这个我祖母就会，我妈妈也念，还等你教我？"咒呢？""大学之道，在明明德，在亲民，在止于至善……自天子以至于庶人，一是皆以修身为本。"就是这一套。我一听，整个心都凉了，这我八岁就会了,还要你传我这个咒?!我想我给人家念一定不灵,因为我不信嘛。

当时我年轻,学了以后笑一笑,也磕头谢师,不理这一套,拿现在讲法,这玩意骗人的。不过我错了,学佛以后明白他没有骗人,为什么?佛法说"一切音声皆是陀罗尼(咒语)",《大学》也说"意诚而后心正,心正而后身修",我的意已经不诚恳了,所以不灵,意识一诚恳就是精神起了作用,所以《大学》这段话也是咒语,真话!

这是我年轻时经历的一段故事。所以念咒子啊,找这个仁波切,那个活佛,拜那个师父,统统都是形式,只要你诚意,正心,修身,齐家,就可以做到"致知在格物"。大家打坐,这里酸那里痛,心里根本没有诚意在打坐啊!你是在管自己的身体,想练出一个什么工夫来,意不诚呀!

那怎么叫"致知在格物"?研究这一段吧,"古之欲明明德于天下者,先治其国,欲治其国者,先齐其家,欲齐其家者,先修其身,欲修其身者,先正其心，欲正其心者，先诚其意"，注意这个"意"，"欲诚其意者，先致其知，致知在格物"，然后"物格而后知至，知至而后意诚"，反过来说了。现在我抽出中间这两段，一正一反，一来一去，要特别注意！致知、诚意这两个就是学习静坐，乃至成仙成佛、健康长寿，这是一切修养工夫的基础。

现在大家手边有这一篇吗？我们一起读一下，背一背。（指某人）你领头来念，念到天下平。（众念）

什么叫"致知"呢？"知"就是知性。诸位都是父母、家长，总算带过婴儿，我们自己也做过婴儿，当时的情况忘记了，但现在应该可以回想得起来。

我们生来就有个知性，做婴儿的时候，肚子饿了晓得哭，冷了也晓得哭，这个知性本来存在的。这个知是思想的来源，就是说，这一知，我们普通话叫天性，没有一个人没有的。当我们入娘胎，变成胎儿的时候已经有了，先天就带来的，只不过在娘胎里十个月，出生的时候把这十个月的经过忘记了。同我们现在一样，做人几十年，许多事情会忘掉，尤其娘胎里的经过，几乎每个人都受不了那个痛苦的压迫，都迷掉了。但这个知性并没有损失，当一出娘胎的时候，脐带一剪断，知道冷暖与外界的刺激，就哭了，哇……受不了一哭叫，知性就起作用了。然后旁边的大人把我们洗干净，用布包好，衣服穿上，喂奶，舒服一点，不哭了，都知道的。所以饿了就会哭，就要吃，这个知性是天性带来的。

打坐怎么样得定啊？致知。刚才念过"致知在格物"，对不对？那么什么叫格物呢？不被外界的物质所引诱牵引，叫格物。我们的知性很容易被外界的东西所引诱的，譬如我们的身体，打起坐来酸痛、难受，身体也是个外界的物啊！

大家马上可以做个测验，当你坐在那里腿子酸痛、一身难过的时候，突然你的债主拿把刀站在前面，非要你还钱不可，不还就杀了你，你立刻都不痛了，为什么？你那个知性被吓住了。身体的痛是物，何况身外之物啊？当然一切皆是外物了，所以"致知在格物"，就是不要被身体的感觉以及外境骗走。

"物格而后知至",把一切外物的引诱推开,我们那个知性本来存在的嘛。你打起坐来,知性很清楚,不要另外找个知性。所以先把这个知性认清楚了,再讲打坐。为什么要打坐呢?知性要打坐,我想打坐;为什么来学这个呢?因为我追求一个东西。这样一来你已经上当,被物格了,不是你格物,是物格你,把你格起来了。所以"致知在格物","物格而后知至",把一切的感觉、外境都推开,你那个知性清清楚楚在这里,姑且可以叫作像一个得定的境界了。

"知止而后有定",这时候,你那个知道一念清净的,就是知性,一念清净就是意诚,念念清净,知性随时清清明明,不被身体障碍所困扰,不被外面一切境界所困扰,也不被自己的妄想纷飞所困扰;"意诚而后心正",什么都不要,这个就是心正;"心正而后身修",这样我们身体的病痛、障碍、衰老,慢慢就会转变过来。转变过来以后,打坐起来当然有反应,但如果拼命只管身体的反应,就没有格物,又被物格了。这样听懂了吗?"意诚而后心正,心正而后身修"，这些都是工夫啊。要修多少时间呢？不一定的。

"身修而后家齐"，这个明天再讲，里面包括大家怎么教孩子。

修身，正心，诚意，后世的儒家称之为天人之道，天人合一。现在，我给大家讲我们中国文化本有的儒家的道理。我几十年都懒得讲，因为几十年来大家忘了根本，只喜欢看我写的那些佛经之类的书。我那些书不是弘扬佛法，讲佛经也不是弘扬佛法，是叫大家不要迷信，这一套我们自己本来就有的，是大家没有搞清楚。

中国文化讲修身养性，是身和心两个方面。静坐修心是一方面，这个要有一定的工夫才能做到；一般做不到修心的，就必须起来应用。所以这一次我们实验学校的郭校长，与教少林功夫的王老师配合，教大家易筋经。什么道理啊？就是修身。身的方面是合理的运动，不是强烈的，强烈运动有时候伤身体，譬如西洋的运动，跑步，跳高，打球啊，有时候比较剧烈。像中国少林武当这套内养的功夫，是修身的道理。所以有一句话"动以修身"，运动是在修身；"静以修心"，打坐是修心；"身心两健"，身体健康了，心理也健康了；"动静相因"，动是静的因，静也是动的因，动静互相为因果。

今天我们反省下来，要回转来走自己文化的旧路，就是我们中国几千年来的传统文化。给大家的这一篇是孔子传给学生曾子记下来的《大学》，是四书五经之一。我们当年受教育，八九岁就读这几部书，《大学》《中庸》《论语》《孟子》，都是讲内圣外用的修养之学。

前面先给大家提一点知性，至于你身体的障碍，坐起来这里不舒服、那里不舒服，对不起，要注意了！大家到了中年，身体都有问题，同我一样衰老了。小孩子年轻，身体障碍小，但心理躁动不安静；人到中年，心想安定，但身体已经不答应了。为什么不答应呢？因为大家玩了那么多年，吃喝玩乐，坏事也做得不少，好事却做得不多啊，是该受一点果报了，所以会痛一下，酸一下。那就赶快做运动，再求静坐。

先介绍《大学》这一段,大家回去要多读《原本大学微言》。找我的人多半是看佛经的,这一本《原本大学微言》出版以后,没有人提出来向我讨论;出书到现在十几年了,没有一个人问过我,你就可想而知了。这是文化的根本啊,很可怜吧!问我的都是怎么样打坐啊、前面看到光啊、下面放个屁啊,都是这一套问题。没有人问过我什么是大学之道,什么是"物格而后知至,知至而后意诚"这些内容。

——《廿一世纪初的前言后语》

读书做学问，这篇千古文章要好好参究

> 君子之行，静以修身，俭以养德；非淡泊无以明志，非宁静无以致远。夫学须静也，才须学也，非学无以广才，非静无以成学；慆慢则不能研精，险躁则不能理性，年与时驰，意与岁去，遂成枯落，悲叹穷庐，将复何及也。——《诫子书》

诸葛亮这一篇短信《诫子书》，是中国儒家教育目标的浓缩，很清楚啊。开头"夫君子之行，静以修身，俭以养德，非淡泊无以明志，非宁静无以致远"，就是我们国家民族教育的宗旨，教育的方向，教育的目标。

——《廿一世纪初的前言后语》

我几十年提倡诸葛亮的《诫子书》,诸葛亮不是道家,完全是儒家。他一生的学问精神,就是他那一封给儿子的信。他自己在前方,做宰相带兵,对儿子的教育是一封信。我几十年来讲了多少次!你们有谁完全可以背得出来?

——《禅与生命的认知初讲》

"君子之行,静以修身,俭以养德",他告诉儿子,先学会宁静,宁静不是单指打坐时思想的宁静,而是你心境要随时可以宁静,欲望减轻了。

第二是"俭",这个"俭"好像省钱的俭,同样的寓意,简化,脑子情绪不要复杂,一切都要简化,抓到要点。尤其这个时代,事情那么多,大家都忙昏了头,都在拼命,精神问题越来越多,要好好学习

"俭"和"静",静以修身,俭以养德。

"非淡泊无以明志,非宁静无以致远",求学问的道理,先要学会把自己的思想情绪淡化了,甘于寂寞,甘于淡泊,要安静。你天天要去玩,欲望太多,卡拉OK呀,交男朋友啊,交女朋友啊,耽误很多时间的。求学是非宁静无以致远。

"夫学须静也",学问要宁静。"才须学也",才能是靠学问培养的。"非学无以广才,非静无以成学。"诸葛亮一辈子写的信都是几句,很简单,所以诸葛亮的一生只有两篇大文章哦,万古流传的前、后《出师表》。他文学水平非常高,写的信简单扼要,有时候只三句话,包含了很多。

"慆慢则不能研精,险躁则不能理性","慆慢",傲慢,"慆",自己得少为足,有一点点懂了认为了不起了,然后傲慢,看不起别人了,这样求学没有用啊,不能研精,不能深入了。

"险躁",心里蹦蹦跳跳的,情绪很乱,则不能理性,不能静养。这句话讲做学问。

然后下面是告诫儿子的话，"年与时驰，意与岁去"，年龄一年一年长大了，时间溜走了，时间像车子一样，跑过去很快很快。"意与岁去"，我们的意志、思想随着年龄大了会懒，堕落，勇气没有了。这八个字非常重要！他告诫"遂成枯落，悲叹穷庐，将复何及也"。他说如果你犯了这个毛病，一天偷懒，以上的告诫你做不到，随着年岁老大，"遂成枯落"，永远就是这个程度了！年纪大了才后悔，"悲叹穷庐"，少年不努力，老大徒伤悲啊！有屁的用啊！"将复何及也"，那个时候都来不及啦！

这是诸葛亮告诫儿子的一封信，简单明了，一辈子都适用。所以诸葛亮的一生，你看虽然帮助刘备建立一个国家，当宰相，但他始终是"淡泊宁静"四个字，这是他的学问修养。他死了以后，现在是万古一人，大家都想学他。他的学问是"宁静"来的，所以知识分子要学他。

——《漫谈中国文化》

笨人最容易成功，
这是天地的法则

> 诚者，天之道也。诚之者，人之道也。诚者，不勉而中，不思而得，从容中道，圣人也。——《中庸》

《中庸》开宗明义就说"天命之谓性，率性之谓道，修道之谓教"的三纲领。那么，我们如何才能达到率性之道而证天命的本有之性呢？他在本节的开始，就提出一个"诚"字作为方便法门。

"诚者，天之道也。诚之者，人之道也。"这是说，诚，是形而上自然本自具足先天自性的一个功用，也可以说它是一个表诠的名相。因为天命之性，本自具足一切功能。所以说："诚者，天之道也。"诚，就是天性本具率真的直道,但它赋予在每一个人生身之后的后天人性之中,人们却需要借重学养的修行,才能重新返还而合于原先本有具足的自性,因此便说:"诚之者,人之道也。"人能自诚其心,达到至诚的境界,才是人道学养最重要的造诣……

"诚者,不勉而中,不思而得,从容中道,圣人也。"这是直指人心从诚的因地起修,达到至诚境界的描述。但所谓"不勉而中"的"中"字,切莫当作中央的"中"字来读,必须用中州音来读,如山东、河南等处方言的语音,读作"仲",也就像说打靶打中了的中(音仲)一样才对。"不勉",就是不需要用心用力,不需要一点勉强就中入无功用道的境界。"不思而得",这是说不是用思想意识去求得的,它是不可思议的境界,需要放下一切思维意识,绝对没有一点想象、妄念的作用,才能达到的境界。如果你学养到达"不勉而中,不思而得"的无功用道,那么,照旧行住坐卧,仍在言谈行动的种种作为中,都是从从容容,无往而不合于中道的妙用了。但这是圣人的境界，不是一般人用尽心思方法，或者另外别求一个秘密法门，甚之，采用一种什么功夫所能做到的。其实，只要你放下一切思维、寻思、把捉、揣摩等的杂乱妄心，坦然而住在不思、不想、不寻究，对于一切心思杂念，放任自然，由它自来自去，不随它转。只是不迎不拒，不随不去，坦荡胸怀，了然不着。由此渐进，涵养功深，就可接近"不勉而中，不思而得"，自能启发圣智的功用了。

——**《话说中庸》**

一个人怎么叫作诚？以儒家《中庸》这一本书来讲，诚是非常难的，所以我们中国文化是讲诚诚恳恳地做人。宗教则是谈信，"信者得救"是基督教用的；佛教讲"信为道源功德母"。什么才是信？迷信跟正信有什么差别？在理论上差别很大，但事实上几乎都是一样。所以一个真有智慧的人，是很笨的，很老实的，没有那么多刁钻古怪；也可以说，一个真笨的人就是绝对聪明的人。所以我们一般人很可怜，你说他笨嘛，他又蛮聪明的；你说他聪明嘛，又笨得要死。笨也笨不到底，聪明也聪明不到顶，所以都是普通人。普通人多半是这样，自己有很多的理由替自己解释，做错了事情，第一念一想脸红，第二念脸变黄了，想想我还有一个道理，第三念脸还发白，很坦然，自己还是对的。他找很多理由支持自己的错误，所以说聪明就是笨，笨就是聪明。

《中庸》里说"至诚之道，可以前知"，真的至诚是非常难的，是可以有预知的能力的。因此我也常常给同学们讲，不是笑话，是真话，你们要想求佛成道，或者做学问，只有诚信一条路线，我看只有愚夫愚妇可以成功。所以你们出家在家学佛的，我常常告诉你们，拜佛就拜佛，规规矩矩这一拜就成功了。我做什么都很笨的，从小父母老师们告诉我，读书要背，我到现在还是背，绝不用聪明。不懂的就老老实实说不懂，不轻易自己下注解。假使我告诉你走这个圆圈，你们在我看不见时，一定是转过去抄近路，马上测验出来一个诚字。所以我常常告诉本院同学，你们要搞清楚，我随时在观察你们，看你们讲话、做人做事。你说要禁语四十九天，结果三天就说话了。所以说，我心里看你是什么样的人，红笔一勾，已经出去了。不过我还是对你很客气，因为不值得一骂，没有用了嘛！

所以自己能永远真的诚恳才是，你看这个商丘开多笨啊！这一种人不只是这个书里有，你看社会上很多成功的人都是很笨的，所以老实跟笨是两兄弟，分不开的，老实就是笨，聪明就是滑头，绝对分不开。你说这个人很有才具，很能干，我也知道他很能干，但是我下面就注意他滑头不滑头。很多聪明人，我私下观察他，很滑头，不能用了。如果聪明而不耍滑头，做事情老老实实，讲话也老老实实，不吹，他一定会成功的。

所以有人问，现在年轻人用什么办法最有前途？我说学笨啊！因为这个时代，这个世界，你要耍花样、玩本事，一个比一个聪明，谁都会，将来成功的一定是一个老实的人。我什么都不会，你叫我向东，我就向东嘛！你骗我也好，我向东嘛！像哥伦布发现新大陆一样，向东还是走出一个地方来。让别人上当的人，最后都是自己上当。

所以中庸之道要好好研究，《中庸》说"至诚之道，可以前知"，又说"自诚明谓之性，自明诚谓之教"，就是这个道理，由诚到明，所以参禅、念咒，你就嗡阿吽、嗡阿吽……念下去就是了，你就相信了；或者参一个话头，"狗子有没有佛性"，我管他狗有没有佛性啊！我参下去就是了，也成功了。在这里听课的，你们有些同学是大学毕业，可是他一堂都没有好好听，只想自己的，那你在这里学什么呢？那还能够学得成功吗？这都是妄用聪明。

所以学道的人啊，以愚夫愚妇之诚，接近成功了。有愚夫愚妇之诚，你不要讲理由，我常常看到庙上拜拜的老太婆，远道而来，骗丈夫，骗儿子、女儿，抠一点钱存起来，三步一拜，拜到庙子上，把那个偷偷抠起来的钱拿来供养菩萨，那种诚恳，我在旁边都要赞叹，她真得救了，绝对得救，因为她是真的。像我们啊，把头磕破了也不灵，因为我们一边拜，一边想，拜了有用没有用啊？拜了好几天了，都没有感应啊！都在那里打主意嘛，所以没有用的。学道，要么第一等最高明的人，要么最笨的人，中间这种人是没有希望的，除非恢复到愚夫愚妇那个至诚。

——《列子臆说》

我常告诉年轻人，不要玩弄自己的聪明，不要用手段，不要动歪脑筋。这一百年来，也可说近八十年来，世界的变化，国家的变化，社会的变化，训练得每一个青年的脑子都很厉害，各个人的本事都很大，人人都是诸葛亮。当然只是半个诸葛亮，只"亮"了一半，就是坏的那一半很"亮"。

所以，在这个时代，以聪明对聪明，办法对办法，手段对手段，是必然招致失败的。在未来的时代，只有不用聪明的聪明，不用办法的办法，不玩手段的手段，诚恳、老实，才会获致真正的成功。因此，应该"以正为奇"，走正道；不过在某一时间，某一社会，某一环境，尤其在一种非常愚笨的时期或社会中，是需要用一点智慧的，那是真正的"奇"，其实那也是正道。

——《老子他说（初续合集）》

我常常告诉青年同学，不要玩花样玩手段，这一百年来我们看得清清楚楚，世界文化的交流发展，人人玩手段，玩聪明，一个高似一个。尤其我们老头子看来，现在年轻人越来越诡，手段越来越高，比我们这些老头子还老，老奸巨猾到了太上老这个程度。将来什么人成功呢？一个笨人，一个不玩手段，对人做事非常诚恳的人，这是天地的法则。

所以"伪成而真不丧者，未之有也"。社会上工商界有钱的大老板，他们所用的人，很多都是领十万块钱薪水的博士，还要听他指挥挨他骂。我说世界上的博士,都给"不是"用的呀!他什么都不是,格老子有钱,要听我的。

你说他有什么本事呢?他有个本事,就是诚恳吃苦耐劳,所以他有钱了嘛!你博士又怎么样!你博士碰到他"不是",就比你高一级啊!世界上的大学校长,都去募钱才培养了很多博士出来,那些大学校长向哪里募钱?向"不是"那里募钱耶!才培养这些博士。世界就是这么样一个世界,妙不妙!由这里就懂得了最高的诚恳,不作伪的道理。

——《庄子諵譁》

自利与利他

> 子贡曰：如有博施于民，而能济众，何如？可谓仁乎？子曰：何事于仁，必也圣乎！尧舜其犹病诸！夫仁者，己欲立而立人，己欲达而达人。能近取譬，可谓仁之方也已。——《论语》

子贡讲的博施，就是讲社会福利。博施，无条件地把东西送给人家，救济大家，让大家都得到帮助。在孔子学生中，只有子贡敢讲这句话，因为这位老哥很有豪气，有时不大肯做书呆子，孔子也没有骂他，认为他很对，可是也没有鼓励他。他一边是讲仁义，一边不同意装穷，不像颜回，三天吃一个便当，还是馊的，喝一口水下饱。他要做生意，他的钱很多，所以他敢吹这个牛，假如我博施、济众，老师，怎么样？可以算得是你所标榜的仁慈吧？孔子对子贡这个问题的答复很妙，他说，你说的这件事，太伟大了，岂止是对仁来说，实在是永远做不到，做不尽的大事业，我也做不到，就是古代圣帝明王如尧舜一样当权的人，也做不到。问题是在于一个人想做好事，绝对大公，很难很难，是做不到的。所以中国的字，"公"是化"私"，这是儒家的思想。由道家演变而来的杨朱思想，"拔一毛以利天下而不为也"，绝对讲个人主义，我不拔你的毛，你也不要拔我的毛，一毛都不拔。墨子则讲"摩顶放踵以利天下"，尽量地为公。儒家认为都不对。儒家是讲保留适度的自私，慢慢扩充到为公。我们大家要注意，三民主义的思想，就是从儒家这个思想来的。儒家的推己及人，我有饭吃，才想到你需要饭吃，分点给你，我们两个有饭吃才分给他，我们三个有饭吃，再分点给大家吃。一步一步扩充。如全体都要一下子做到，不但我们做不到，尧舜也做不到。所以孔子说子贡的理想太高了，像柏拉图的理想国一样，陈义太高了。孔子告诉他，真正仁的人，是要自己站起来，但是要顾虑到别人的利益，使别人也站起来。

学问道德也是如此，我要做一个人，不要忘记了他也要做一个人，我想将来通达有前途，不要忘记了他也要有前途，尤其是将来诸位如果出去做一个领导人，要多爱部下，像待自己的子女兄弟一样替他们着想。我要利益，他们也要利益，我太累了，同样的他们也累了。从最浅近、最平凡的当中去了解他。做到了这种地步，就可以说找到了仁的方向，为仁找到一条可走的路了。

孔门学问中仁的应用，是推己及人，想自己利益的时候，也替别人的利益着想；扩而充之，想到天下人的利益。仁的路就是这样开始走的。

——《**论语别裁**》

古之至人，先存诸己，而后存诸人，所

存于己者未定，何暇至于暴人之所行！——《庄子》

这一段完全是对青年人说的人生哲学，是孔子讲的青年人的修养哲学。他说我告诉你，我们中国的传统文化，在上古及中古时代都是要"先存诸己"，先要救自己，所谓己立而立人；对于学佛的人来说，先求自度，然后度人。"所存于己者未定"，你自己都度不了，救自己救不了，怎么能够救人！"何暇至于暴人之所行"，自己病都没有治好，你哪里有空去指责人家，暴露人家的缺点！所以道家的思想，同佛家儒家都一样，中国传统文化的人生修养的价值观，在《庄子》这里说了出来。

孔子告诉颜回，再三地讲中国文化的传统，"先存诸己，而后存诸人"。先能够自己站得起来，再来辅助别人站起来。可是我们年轻时候总有一个毛病，自己还不会爬，就喜欢辅助人家站起来，觉得自己是非常高明也有很多主意。我几十年来跟年轻的同学们常在一起，因为我很怕自己老了不懂事，会落伍的。

但跟着年轻人学习几十年的经验下来,觉得年轻人永远跟不上我们。问题是什么?因为等到我们把他们的学到了,他却没把我们的经验学走。所以年轻人能够存诸己而站起来的,非常少,如果有的话也是非常特殊的人,一定是智慧能力都非常强的人。学道的也是这样。你看庄子说的话,"古之至人,先存诸己,而后存诸人";儒家说己立而后立人;佛家讲先求自度而后度人,都是一样。所以古今中外圣贤的哲学,都是同一个路线,没有两样。

——《庄子諵譁》

"全人教育"：
道、德、仁、艺

> 子曰：志于道，据于德，依于仁，游于艺。——《论语》

假如有人问，孔子的学术思想真正要讲的是什么？可以大胆地引用这四句话作答，这就是他的中心。也可以说是孔子教育的真正的目的，立己立人，都是这四点。关于这四点的教育方法，也就是后面《泰伯》篇中孔子说的"兴于诗，立于礼，成于乐"。

第一项所说的"志于道"，又学个什么道呢？一般人说孔子说的是人道，不讲天道，因为天道渺远，属于形而上的范围。究竟有没有神的存在？生命是怎样开始的？宇宙是如何形成的？这些都是属天道。

"天道远",并不是说与我们的空间距离远。如照现代观念来说,更不合理了,目前到月球只不过几天的事,怎么说远?这个远字实际上是高远的意思,指距离人类的知识程度太远。"人道迩",人道比较浅近易懂。所以过于高远的暂时不要讲它,先把人们自己切身的问题解决了,再讲宇宙的问题,一般人说孔子只讲人道,这是后代的人为孔子下的定义,事实上孔子并没有这样说。当时,只有他的学生子贡说:"夫子之文章,可得而闻也。夫子之言性与天道,不可得而闻也。"——见《公冶长》篇。根据子贡这里的话,再看孔子在《易经》中所讲的学问,他绝对懂天道——宇宙的来源。所以子贡便说,他讲人道,我们听得懂,他讲宇宙的奥妙,因为我们的学问还不够,实在听不懂。

因此孔子在这里所讲"志于道"的"道",我们不能硬性替它下一个范围,说他只讲人道,不讲天道。如果要研究孔子的思想,必须研究《易经》的《系传》,他许多的重要思想,都表现在《系传》中,有关形而上的学问，也在《系传》里。那么孔子在这里所说的道是什么？我们可以很老实地作答："孔子自己没有下定义，所以我们很难替他下定义。"至于他在这里讲的"志于道"可以列举很多，证明他是懂得形而上道。由人生的普通行为——形而下开始，一直到最高的天地万物的玄妙之道，他全懂。不过一般学生程度不够，他没有偏向这方面讲，如果专讲这方面，孔子就变成一个宗教的教主了。尽管后人称他为儒教教主，他自己在当时非常平实，不走教主的路线。

根据原文"志于道"，可以解释为形而上道，就是立志要高远，要希望达到的境界。这个"道"就包括了天道与人道，形而上、形而下的都有。这是教我们立志，最基本的，也是最高的目的。至于是否做得到，是另一回事。正如大家年轻时刚出社会做事，都立志取得功名富贵。就以赚钱为目的来说，起码也希望赚到几千万元。但立志尽管立志，事实上如今一个月只赚几千块。如果因立志几千万，只拿几千元，

"不为也"！不愿干回去好了！这说明立的志能不能实现，是另外一回事。所以孔子说，做学问要把目标放得高远，这是第一个"志于道"的意思。

"据于德"，立志虽要高远，但必须从人道起步。所谓天人合一的天道和人道是要从道德的行为开始。换句话来说，"志于道"是搞哲学思想，"据于德"是为人处世的行为，古人解说德就是得，有成果即是德，所以很明显地，孔子告诉我们，思想是志于道，行为是依据德行。如果根据这里的四点来分析《论语》中所讲的道理，有许多都是"据于德"的说明。

"依于仁"，已经说过，仁有体有用。仁的体是内心的修养，所谓性命之学、心性之学，这是内在的。表现于外用的则是爱人爱物，譬如墨子思想的兼爱，西方文化的博爱。"依于仁"，是依傍于仁，也就是说道与德如何发挥，在于对人对物有没有爱心。有了这个爱心，爱人、爱物、爱社会、爱国家、爱世界，扩而充之爱全天下。这是仁的发挥。

"依于仁"然后才能"游于艺"。游是游泳的游，不是遊戲的遊，在這裡我們要特加注意，遊戲的遊是"辶"旁，這裡是水旁的游泳的游，"游於藝"的藝包括礼、乐、射、御、书、数等六艺。孔子当年的教育以六艺为主。其中的"礼"，以现代而言，包括了哲学的、政治的、教育的、社会的所有文化。至于现代艺术的舞蹈、影剧、音乐、美术等则属于乐。"射"，军事、武功方面。过去是说拉弓射箭，等于现代的射击、击技、体育，等等。"御"，驾车，以现代来说，当然也包括驾飞机、太空船。"书"，文学方面及历史方面。"数"则指科学方面的。凡是人才的培养，生活的充实，都要依六艺修养，艺绝不是狭义的艺术。原来绘画是文艺，现在美术却与文艺分开，越分越细，但也越分越窄。有人说科学分得如此细，走向一种病态了。举例来说：有人鼻子不通去看医生，鼻科医生说也许受牙齿的影响，先到牙科检查，然后放射科、神经科、心电图各种查完，再回到原来的鼻科。这时鼻科医生对病人说，你找错医生了，我是专门治左鼻孔的，你是右鼻孔不通，要找那一边的医生。这是用医病来讽刺科学分类的过分。中国古代不这样细分，凡属六艺范围的都是艺。

人生对于道、德、仁、艺这四种文化思想上修养的要点都要懂。这四个重点的前一半"志于道，据于德"包括了精神思想，加上"依于仁，游于艺"作为生活处世的准绳，是他全部的原则，同时告诉每个人，具备这些要点，才叫学问。如无高远思想就未免太俗气，太现实的人生只有令自己厌烦。没有相当的德行为根据，人生是无根的，最后不能成熟。如果没有仁的内在修养，在心理上就没得安顿的地方。没有"游于艺"，知识学问不渊博，人生就枯燥了。所以这四点统统要，后人对这四个重点都有所偏重，其实讲孔子思想，要从这里均衡发展。

——《论语别裁》

先求渊博，
还是先求专精？

先求渊博，再求专一

> 博学于文，约之以礼，亦可以弗畔矣夫！——《论语》

孔子说博学于文，这个文不仅是文学，而是代表了一切学术文化。以现代名词来说，包括了文法、文理和一切知识。所以说要博学于文。博就是渊博，样样要懂，才能成为通才。但是渊博的人，常是样样都懂，门门不通。所以先求渊博，后要求专精。要渊博而专精，并且还要约束自己，做人处世在在合礼……

"博学于文，约之以礼"，一切渊博以后，选定一点；这也是现在专家教育的精神，先求渊博，以后再求专一。做人的道理，也是一样，一切通透了，然后选择人生专一的道路，这样大概差不多，不至于离经叛道了。

——《**论语别裁**》

博我以文，约我以礼。——《论语》

所谓人文的学问，就是这两句话。什么是"博我以文"？就是知识要渊博，我时常感觉到，现在的教育，从五四运动白话文流行以后，有一大功劳，知识普及了，现在的青年知识渊博了，这就是"博我以文"。尤其现在加上传播事业发达，每个家庭有电视，在社会上有电影、报纸、刊物、广播，各种传播知识的工具，以致现在十几岁的青年，对于常识，比我们当年二三十岁时还知道得更多。当年我们书是读得多，对于普通知识还是傻傻的。乡下出来，看到飞机、轮船，还叫"飞轮机""火轮船"。现在七八岁的孩子都知道太空了。可是知识越渊博，学问越没有了，缺乏了下面"约我以礼"的涵养。

我们要了解，"博我以文"的"文"并不限于文字，而包括了一切知识。知识要渊博，但知识越渊博的人，思想越没有中心。所以中国政治，在过去领导上有一个秘密。当然，这在历史上不会写出来，任何一个皇帝成功了，都不会传给徒弟的。这秘密是什么呢？他尽管采用知识多的人，渊博的人，而真守成的干部是找老实而学识不多的人，他稳得住。凡是知识越渊博的人越靠不住，因为他没有中心思想。对于这种人，给予的官位、头衔非常大，而真正行政的权力，并不交给他。知识多了的人，好的可以说成坏的，坏的可以说成好的。像现在的人好讲逻辑，把西方的一种思想方法，也当哲学来讲。例如说到法理学的话，如果我们抓到小偷，送官署是对的。但是打了他一下，他可以要求验伤，告你伤害。他说他做小偷是犯了法，但你打他是侵犯人权，至少在判决确定前，他还只是一名嫌疑犯，你打他，侵犯了人权，人权第一,你犯了伤害罪。讲法律逻辑,这是对的。但从另一面讲,善就是善,恶就是恶,坏人就该打,可以不跟他讲这一套。像我们现在讲人权,而有些人却把人权、自由、平等当成了他的武器。这就是说死守逻辑的坏处,也就是说仅仅是"博我以文"的流弊。以下面这句"约我以礼"来救这个流弊就对了。知识要渊博,思想要有原则,走一个专精的道路,做人处世要保持文化思想的中心精神。

——《**论语别裁**》

只求专门的求学方式,危害甚大

我们中国文化,在古代讲到学问是两条路,孔子在《论语》里说"博而后约",先求渊博的知识,那是打基础,最后是深入一门,所以专家就是深入一门。但是像现在的所谓专家,不一定博,因为其他的多半不懂。其他不懂很严重,要博而后约,先要普遍的各方面都懂,这个是博,是通才,为政的人就是要通才。我在别的书中也讲过,我说现在几十年下来,证明无学问的人当家做主，比知识分子专家、比资本主义问题更多。我说将来专家专政，人类惨了，因为他只懂一科，难免有所偏颇。所以政治是要通才，"博而后约"，不是通才不行。不过，专家当政现象在数十年的历史经历中已充分显现，事实胜于雄辩，不容置疑。

——《列子臆说》

孟子曰：博学而详说之，将以反说约也。——《孟子》

学问之道，必须知识渊博，不走渊博的路线不行。要在渊博以后，再求专精；就是各种知识都懂了，然后再在专门的学识上做深入的研究。

现在医学院的教育方式很不错，最初一两年，对于医学上每一科每一部门都要学习；最后才专门深研一科，或内科，或外科，或牙科，或耳鼻喉科等，分科越来越细越专门。但社会上一般教育很糟，越专门则越不通。现代的"博士"，实际上并不博，只是专家的代号。现在所谓的专家,是独门深入到牛角尖中的学问,除了他所专的以外,对于别的知识就完全茫然。这种只求专门的求学方式,在目前这个时代,也许觉得是好的;但可以预见的是,五十年后将成为人类的大害,到时可能后悔,才要改变目前的教育方式。

过去中国教育,学生并不是专学作文;现代的青年误认为过去的读书人只是读国文而已,这真是笑话。我国古代的教育,当然是以国文为主,但是仅以一部《礼记》来说,几乎天文、地理无所不谈,熟读了这些书之后,样样都通达了,那是从博而后约的。现代的教育,目的在求专,开始那一点点的博只是作为陪衬。这种情形,将来会使人类文化出大问题,这又是一个专题,牵涉太大,只好暂且不谈。这里我们只了解孟子的主张,是由"博学而详说之,将以反说约也",最后归纳而进入专。

——《孟子旁通》(下·离娄篇)

现代教育造就出来的人才，通才越来越少，专才越来越多。专才固然不错，但是一般人意识都落在框框条条款款之中，很难跳脱。再看未来时势的演变，是趋向专才专政，彼此各执己见，沟通大大不易，因此处处事事都是障碍丛生，这都是更加严重的问题。

能够明道而又通达的人士，愈来愈少，社会也愈将演变得僵化。在这些问题还未表面化的时候，这个道理，大家不会有深刻的了解，我在这里先作预言（编者按：讲此课是一九七六——一九七七年之间），在今后的五十年到一百年之间，全世界即将遭遇到这种痛苦。虽然我这个预言，似乎言之过早，而言之过早的人，往往会像耶稣那样，被钉上十字架。但是言之过迟，则于世无益；如果不早不迟地说出，则恐怕来不及了，所以只好在此自我批判，有如痴人说梦，不知所云了。

——《孟子旁通》（中·尽心篇）

治学之道的
五个次第

> 博学之，审问之，慎思之，明辨之，笃行之。有弗学，学之弗能弗措也。有弗问，问之弗知弗措也。有弗思，思之弗得弗措也。有弗辨，辨之弗明弗措也。有弗行，行之弗笃弗措也。人一能之，己百之；人十能之，己千之。果能此道矣，虽愚必明，虽柔必强。——《中庸》

"博学"，当以孔子作榜样，不能固守一门学识，而困于主观成见的藩篱之中。

"审问"，是要对任何一种学问，都要穷源考究清楚，不可落于盲从或迷信之中。

"慎思"，是要将所学所闻加以理性的思考。

"明辨"，等于后世所说要加以科学的、逻辑的分析和归纳。

经由以上的四种治学过程以后，确定了理之所在，便要实践见证于做人做事的行事之间，所以叫作"笃行"。换言之，博学、审问、慎思、明辨四种是择善；笃行，便需要固执。

因此下文便有对这五个学养方法的申述说明："有弗学，学之弗能弗措也。"这是说如果没有去学习，或者学习得不好，学习不到家，你就不要冒昧去做实验吧！"有弗问，问之弗知弗措也。"这是说，你不懂，就要去求学，请教知道的人教你。如不肯去求学求教，而且去求学求教了，仍然还没有彻底明白，那你就不要随便去实施吧！"有弗思，思之弗得弗措也。"如果你也学习了，再经过自己的思考，还是没有想通，没有彻底明白，那也不可以将就去做。"有弗辨，辨之弗明弗措也。"假使你把所学的经过思考和辨证，仍然还是弄不清楚，于心不安，你就不可以随便去做。这都是说明择善须精细，然后才可去实践。"有弗行，行之弗笃弗措也。"最后，是重在知道学理以后的实践。但在实践的过程中，必须要秉"择善而固执"的精神去"笃行"，不可半途而废，或是功败垂成。必须坚持精进，实行彻底，才能有成。（"措"字，有做到终点，做到最后的含义。）因此，便说，你如果能照这五个求学的方法去做，不急于求成功，只重视彻底去实践。"人一能之，己百之。人十能之，己千之。果能此道，虽愚必明，虽柔必强。"别人一下就会，不必羡慕，不要气馁，你就准备用百倍的努力去完成。别人因十分的努力才能成功，你就准备千倍的努力去完成。总之，只要以"不问收获，只问耕耘"的精神去"笃行"，虽然是最愚笨的，最后必然会明白。虽然是最优柔寡断的，最后必然会坚强刚毅起来。

——《**话说中庸**》

古代的中国字，如果平常不好学深思，随便读过去，会觉得一点道理都没有。所以做学问的道理，子思在《中庸》告诉我们五个要点："博学之，审问之，慎思之，明辨之，笃行之"。做任何一个学问，甚至你们做事业，做工商业，考虑一个问题也是这样，要"博学之"，什么知识都要。可是，不要学了知识，就以为是学问，那是不行的，要"审问之"，要怀疑。譬如大家问我怎么打坐、学佛。我说你们很乖的，不要学这个。为什么？因为你们不会怀疑问题。"慎思之"，正面反面研究了，还要再考虑。然后还要合于逻辑，就是"明辨之"。再"笃行之"，好好去实践。这是做学问的方法。

——《*南怀瑾讲演录：2004—2006*》

现在的文章都是短命的文章，尤其报纸上的文章，五分钟寿命，看完就完了，且错的东西很多。现在人读书没有好好做到儒家所讲"博学之，审问之，慎思之，明辨之"。"博学之"等于现在说搜集资料，什么都有了；"审问之"，要仔细慎重研究；"慎思之"，还要很谨慎思考、研究；"明辨之"，哪样是对的，哪个是不对的，这是儒家做学问四大程序，说得很清楚。据我发现，现在教育是普及了，但是学问越来越没有，乃至读到研究所，脑袋都是空的。中国也好，外国回来的也好，多数没有用。我现在老了，也许我们这个像海一样的代沟太深了。

——《**我说参同契**》

教育孩子，
要注重性向问题

性相近，习相远。——《论语》

这两句话，表面上是解释人的心理。人的性质虽有相近之处，但发展方向各有不同。在教育上就看得到，现在大学联招分组的办法，问题实在很大，有的人根本不知道每一科系的真正内容，考试之前对自己的性向也不清楚，结果考取被分发之后，才发觉自己并不适宜这个科系。这就是糟蹋人才。现在的所谓性向，不是性相。"性相近，习相远。"人的性质相近，但是各人兴趣不同，习惯也不同。譬如说一个人的个性，硬是不喜欢这一套，可是硬把他拉到这一门工作上，慢慢习惯了，就与原来个性的兴趣越来越远。

——《**论语别裁**》

现代对于儿童的教育，有所谓性向的测验，以决定其"可塑性"。例如有的小孩喜欢在墙上乱画，有的小孩欢喜玩机械，看见手表的指针会走动，觉得稀奇，就拿小螺丝刀去拆开来玩。有些讲究性向问题的家长、老师们，就让他去拆，认为这孩子将来可能成为一个发明家。

可是，假如我是这孩子的家长，则不一定让他去拆，最多是破旧不堪的废弃物，才让他去拆。因为小孩子天生有一种破坏性，人性中是具有反动成分的；尤其小孩好动，看见稀奇的东西，非打烂来看看不可。不过也有人生来想当领袖的，也有人生来想当和尚或神父的，这就是性向问题。所以教育孩子，要从其可塑性方面去培养。有时候父母看到子女是不可造就的，就要赶快给予他职业教育，使他将来在社会上站得住脚，能够有饭吃；对于造就不了的，如果一定要他有很高深的学问，出人头地，这是不可能的。一个人的成功，各有各的道理，不一定要书读得多，这就如中国的谚语："行行出状元"，也就是现代的理论，要注意性向问题。

——《孟子旁通》（下·告子篇）

我认为古今中外的教育，大部分都犯一个错误，父母往往把自己一生做不到的愿望，下意识地寄托在孩子身上，可是却忘记了自己子女的性向与本质。做父母的应当思考，如何正确地培养与辅导孩子，让他们成人立业。如果只是一味地要求读书、考试、上进，希望出人头地，是极大的错误观念。这样爱孩子，其实只会害了他们。

我简单明了告诉大家，《大学》上说"人莫知其子之恶，莫知其苗之硕"，父母对儿女有偏爱，所以只看到他的优点，而不晓得他的缺点。我们做父母的，要注意这两句古圣先贤的告诫。但是古人有另一面的说法，叫作"知子莫若父"，指出很重要的教育重点，是父母需要懂得自己子女的禀赋性向，因为老师和别人不见得真正全盘了解每一个学生。现在父母对孩子们的教育，只是过分宠爱关心，反而对子女的禀赋性向都没有深切关注。

我个人的经验，看了古今中外，全人类几乎都一样，都会犯这个错误，不过外国人好一点，中国现在这一代太过分了。"知子莫若父"，实际上，对儿女的禀赋性向，做父母的不一定看得清楚，因为有偏见，有偏爱。

——《廿一世纪初的前言后语》

知之，好之，乐之

我常说，做任何一件事，欲想成功，一定要发疯，不到快发疯的阶段，是不会有成就的。艺术家、音乐家、科学家之成功，都是如此。

——《孟子旁通》（下·告子篇）

昭文、师旷、惠子为什么音乐的造诣到达神仙的境界？因为每个人的喜好不同，偏爱不同。每个人有所好的，这也是机啊！要把握自己这个长处，专搞这一项，没有不成功的。所以任何学问，任何事情，爱之者不如好之者，好到什么程度呢？入迷了，好到发疯似的，一定成功；因为世界上外在的一切东西，都不在话下，都不在心目中，这个就是人成功之路。

"其好之也，欲以明之。"万世留名的专家，了不起的人物，都因为对于某一件事有所偏好，而能死死地钻进去，硬要把这个问题弄透彻明白，这就是能成就的原因。

——《庄子諵譁》

> 子曰：知之者不如好之者，好之者不如乐之者。——《论语》

这在教育上是一个大问题，世界上谁不想做好人做好事？都想做。有很多人知道应该怎么做，道理都懂，可是做起来就不是那么回事了。前面我也曾经提到，许多人"看得破、忍不过"。比如说：算了吧！生活简单一点吧！这是看破了，但到时候却忍不过。看到不义之财，第一个念头是不要；多看一眼，眼睛就亮了；再看一眼，眼睛就发红了。

历史上有个故事，是说三国时的管宁与华歆，管宁是有名的高士，后来他一生不下楼。最初与他的同学华歆一起读书，两人一起挖地。管宁挖到一块黄金的时候，视黄金如泥土一样地丢开了，看都不去多看一眼。而华歆走去多看了一眼，才不再去管它。就这样管宁和华歆绝交了，或许有人会说管宁未免太不近人情。但古代历史记载简单，事实上他们两人同学，感情如此好，管宁已经观察华歆很久了，再加上这一件事情，他断定华歆是不安于淡泊的。果然后来华歆扶助曹丕篡汉，成了千古罪人，虽然文章非常好，但是他变成了反派的文人，也就是前面所说的小人之儒。所以管宁当华歆地位高了，他就永远不下楼，意思是你虽然有了政治的权力，但我就不踏在你的土地上，这就是华歆看得破、忍不过的道理。

还有"想得到，做不来"，有许多事情我们都想得到，但做起来的时候，就硬做不来。也就是说学问、道理虽然懂得，身体力行时，却做不到。所以知之者不如好之者。对做学问必须养成习惯，一日不可无它。《论语·学而》中说，"学而时习之，不亦说乎！"那个"习"字就是要"好之"。"好之者不如乐之者",爱好它,喜欢虽然喜欢,并不认为是生活中的一件乐趣。以现在最流行的打太极拳来说,绝没有打麻将那么受人欢迎。因为打麻将的人视此事一乐也,坐在那里快乐得很,而打太极拳,知道对身体有利益,是知之者,天天打,是"好之者",可是摸两下,觉得今天好累,明天再打,那就还不是"乐之者"。欲期学问的成就,进入"乐之"的境界,就太不简单了。

我们对于部下或者子女的教育,就要注意这一点,看他乐于哪一面,就在哪方面培养他。就算爱打麻将,也可以培养他,当然不是培养他去打麻将,而是将他打麻将的心理转移到近似的正途发展。这才是师道的原则。

强调一点来说,历史也是幻想创造出来的,科学的发明,开始也由幻想而创造出来的。真正的科学家,很少有个性不古怪的,环境影响了他。每天在实验室里,生活没有情调,如果研究到深入的时候,他手上拿着正在吃的面包,换上块腐肉给他,他都不知道，照拿照吃。

但是他如不这样研究得发疯，就绝不会成为一个真正的科学家。做学问也是这样，要想学问有成就，一定要钻进去，像发了疯一样，然后跳出来，这就成功了。不到发疯的程度就没有成功的希望。搞通才的，样样搞又样样搞不好，就犯了太聪明的毛病。科学有成就的人，可以说是笨的人，也是世界上最聪明的人。

——**《论语别裁》**

读诵

人类原始的教育方法,只有一个,就是背诵。尤其是读中国书,更要高声朗读。

背诵
——被遗忘的基本教育方法

人类原始的教育方法

今天我们要讲的是关于大家习惯所称"儿童读经"的事,"儿童读经"是大家最近讲惯的术语,其实就是儿童读书。不管儿童读书、儿童读经,或儿童中国文化导读也好,在我的看法,近七八十年来中国人一听到"读经"两个字,就莫名其妙地反感,认为是复古,走倒退的路线,或者认为不合时宜,这都是一个错误的观念。因此,我对大家推广的这个工作,就改个名称,叫作"儿童智慧开发——中国与西方文化导读"。这样一来,一方面免除各方面的误解,另一方面也为中华民族建立一个承先启后的新文化。

其实引用孔子的话，什么事都要"正名"。什么叫正名呢？就是对于事情的一个主题，先要弄清楚，实际上，我们提倡的儿童读经运动，就是一个背书的方法，就是教人家肯读书、肯背书、肯唱歌，没有别的东西。就是教刚生下的孩子，从零岁起到十五六岁之间，就读书、背书。读诵的内容，包括中国传统文化儒家、道家等很基本的一些书。背书的内容，不仅是中国的基本文化要背，还要背其他各国的文化，如英文、法文、德文等等。过去，西方的教育方法，不管欧洲、美国，也和中国一样，都要背书。

大家都会觉得很古怪，认为在这个时代，怎么还要教小孩子背书？一般人不懂，这是中国人已丧失的基本教育方法，也可以说，西方人也忘记了。人类原始的教育方法，只有一个，就是背诵。尤其是读中国书，更要高声朗读。高声朗诵，有什么道理呢？这个含义很多，朗读多了，自然懂得言语与文字的音韵学。换句话说，也懂得文字和语言之间拼音的学问。不管中文、外文，高声朗诵，慢慢悟进去，等长大了，

读诵 145

音韵学懂了以后，将来的学问就广博了。假使学外文，不管英文、法文、德文，统统会悟到音韵的拼法，一学就会。

在中国古代，这是个普通的教育法，大家都会的。但是这个世纪，中国开始接受西方文化后，对儿童的教育，再不采取朗诵、背诵方法，而着重知识的灌输与理解。这是因为在十九世纪末期、二十世纪初期，受美国教育家"杜威"思想的影响，教育上讲"实用主义"，主张教育就是生活，推翻他们所认为"古人背诵是读死书"的这种制度，认为念诵、背诵是像打针一样注入式的，又像喂鸭子硬喂进去，只会把人喂坏了。所以一百年来，东西方学校的教育都采取较放任儿童的方式，不需要背诵。只要求他懂得，来启发他的脑筋，开发他的智慧。尤其在中国五四运动这个阶段，受西方文化的影响，彻底地推翻读中国的古书，接受了新的教育，把一些教科书都变了。过去是读《大学》《中庸》《论语》《孝经》《三字经》《千字文》，变成读的是"小猫叫，小狗跳，开学了，开学了,老师早,老师好",这是学语言,没有文化了,一直沿用到现在,这种教育方法所造成的流弊,祸害是非常大的。所以这一代的中国人,变成没有文化根基。我常说,一个国家,一个民族,最可怕的是自己的根本文化亡掉了,这就会沦为万劫不复,永远不会翻身。我们只要看看犹太人就知道。自摩西出"埃及",到现在两三千年来,犹太人在世界上,始终是第一等人,在几千年以后的现在,重新建国,建立了以色列。犹太人几千年来的教育,自己独立一个系统,不与外面接触的,始终保存他的文化精神。可是世界上的人忽视、轻视了这一点,尤其我们中国人更不注意,这个问题是很严重的。

像我们这个年龄层,七八十岁的人,快要死光了,将来要想承先启后、继往开来,使国家民族文化保存下来,几乎不可能。因此趁我们还在,极力地提倡注重文化。

提倡以后,推广些什么,现在回到原来的本题,也就是我们让孩子们背书、朗诵的方法。不管"四书五经"，或是古书，任何一段，像唱歌一样，很轻松愉快地背诵，偶尔稍带讲解一点。这样背下去以后，一辈子都有用，一辈子都忘不掉。不但中国文化要背，外文也要背。

我们需要认识背诵，重点在哪里，大家可能还不知道。中国五千年文化，以及西方文化，希伯来文化，也是靠背诵流传下来的。譬如，大家都知道，秦始皇烧书，在那个时候已经发明毛笔了，有些是用毛笔写在牛皮、羊皮上，或用刀刻在竹片上，然后一卷卷卷起来，读书是一卷一卷的，所以叫开卷有益。自秦始皇烧书，到汉武帝开始重新恢复文化，距离七八十年之间，中国文化"四书五经"、《老子》《庄子》都靠这些老先生亲口背出来，口口相传。你以为是像现代靠印刷术、电脑联网出来？不是的，都是背出来的。他们这些读书人、大学问家，怎样读书呢？都背来的。比如过去背了的《大学》《中庸》，随时想起就背一背，从小背到老，中国文化是这样背下来的。即使到了宋朝以后，发明了印刷术，还要背啊，因为那时印书不是很普及，也是很困难的。甚至到清朝末年民国初年，在我小的时候，有些书还是借来抄，亲手抄，然后背。当时印刷业并不像现在这样发达，一本书、一篇文章要亲笔抄写三遍，还要背给老师听。像林则徐、龚定盦这些人，都是背书的，而且背得很熟啊！背诵的方法，不但不妨碍社会的发展，反而使社会文化发展更发达、更精详。可是现在人不懂，以为背书是背死书。

——《南怀瑾先生关于"中西方文化导读活动"的讲话》

背诵的历史渊源

中国过去两三千年以前，有文字没有纸张、笔，开始是用刀雕刻文字在甲骨上，后来发展雕刻在竹简（竹片）上面，然后一片片竹简打洞用牛皮筋穿起来。这样一片一片认字很困难，所以读一篇书都要背诵记得，背了以后重新刻过，这样传下来。到了周、秦，在秦始皇这个阶段，蒙恬才发明了毛笔，他是秦始皇派出去守北方的大将。那么用毛笔以后就进一步地发展，就用毛笔写字在牛皮、羊皮上面，写好了都要背得，就卷拢来，所以读书叫读一卷、两卷，是这样来的。

当时读书，借书很困难，政府里头除了帝王、世家，这些大家，普通人几乎一卷书都没有，你想人家有书卷借给你，赶快要背会抄下来，非常非常困难。所以从古读书又叫"传经"，传授你背经书，经书也叫作"经典"。古人对书重视得很，一辈子的经验，或者只写了一卷书，或几百字、千多字记下来。所以传给学生叫传经，传了要背、要抄写，后来一直都是靠背诵抄写的。这里要补充一句，西方文化也是这样，并不是只有中国，不过西方古代没有竹简、牛皮，当时怎么会流传不太清楚。印度也是这样，靠硬笔写在那些制造过的树叶子上，所以印度的经书叫作"贝叶经"。

从秦始皇烧书以后到汉代，这些经书流传下来，都是靠这些老先生没有死的，嘴里背出来，"四书五经"都是这样背下来的。所以古人读书，譬如《大学》《中庸》，整部书能够背下来，这种学问实在使人很佩服。背了以后，不是会背就算了，差不多像和尚念经一样，天天都要背一遍，古人读书有这样难。

到宋朝初期以后发明了活体字，把每个字雕刻好排拢来放在一块版上。发明了以后，并不是普遍流行，也是皇帝宫廷或高贵人家，有这个活字版印出来少数的书。多半民间买不起，读书人借一本书来，一边背一边抄写流通。或者有的经典刻在石头上立碑放在那里，传给后人。自有这活字版以后，一直到明、清以后，书本比较流通了。所以西洋人的文化发展，是靠中国传过去的印刷术。

明清时代固然印刷比较流通，可是乡村穷苦人家，或小资产人家，要买书没有书店的，也很困难。到那些大户人家去借，譬如朱家、封家，有钱有书，要送礼要磕头，好不容易把这本书借回来，也是印不起，都靠抄写，一边抄一边背。古人读书有这样的困难，所以背了以后一辈子不能忘记的，因为他天天背、常常背、反复地背，中间很多道理慢慢产生，愈来愈深入愈懂了。

到了清朝末年，西方文化来了，我们才有铸印版、刻镂版，这样，书本才流行起来。到现在还不到一百年，哪里像现在一样，已经玩起计算机来。所以现在的人搞得书不背了，因为印刷发达，打字、计算机，不用脑筋了，都信托这纸、笔，把思想文化都记下，打字存起来，以为自己懂了，其实都没有仔细、重复地看，自己第二遍、第三遍都不会去看，所以人的学问差了。但是学问差了，记忆力有，不肯用，可是思想发达了。所谓思想发达是好听的名称，实际上是脑筋复杂了，因为知识愈来愈渊博，脑筋复杂，复杂了以后，愈来愈浅薄，很浅薄的东西，以为自己全通了，这就是人类文化一种没落的趋势。

刚才提到，过去西方也是注重背诵的，大概在元、明之间，印刷术经过西方的研究更发展，也许连西方的制纸恐怕也是中国传过去，这要考据。现在人的教育，全部知识，尤其到了电信网络时代，人都不肯专心，知识一看人就懂，都没有深入的。

所以背诵是这样渊源来的，有这样重要。像这样靠电信网络，是油面上的，等于表面上抹一层，都没有深入根柢。我今年八十多岁了，像我读书，从小还是老规矩背来的，所以你们讲我记忆力好，书记得那么多，没有什么巧妙，就是肯背。所以上课可以不带本子，大概就可以背出来了，平时脑子没有，但讲到某一点，一刺激就出来了，这是背诵来的，看起来学问很好，其实是骗人的，这些实际上是靠背诵。

——**《南怀瑾先生关于经典诵读的漫谈》**

读诵经典，
为什么能开发智慧？

最好提倡儿童背书，恢复十九世纪以前东西方教育方式，那时都是提倡背诵的。美国的研究资料出来了，背书，看中国字，对老年的帕金森病有帮助，而且增强脑的记忆，所以还是要恢复这个……

据我所知道，二十世纪初期以前，全世界每一个国家语言教育，都要出声朗读，都要背诵。二十世纪中期以后，全世界的教育都受了美国杜威的教育思想影响，变成现在这样讲实用主义。目前一般办教育的，也慢慢反省到要重新恢复背诵了。

现在这样的教育流行开来，所以没有真学问，只有学知识，学谋生的技术和知识，把人道人心的本位忘记了，忘记了怎么做一个人。

——《南怀瑾与彼得·圣吉》

至于背书的理论基础，这就牵涉到修养的科学，以现在来讲，牵涉到脑的科学。背书非专一、安定不能背起来。小孩子背东西是不痛苦，是很快乐的。因为专一唱歌、专一背书，脑筋就更宁定，思想行为都要变的。这个就要讲到脑波的问题，譬如大家讲修养、修道，打坐就是使脑神经专一思维，专一思维，就宁定，使身体生理机能改变，健康起来。脑子变健康，那么思想行为也变健康了。背书有很多很多好处的，现在一般医学，尤其脑科医学，还没有作详细研究。关于脑科医学这点，我也不是专家，只是大概提一下，背诵的作用，可增加一个人的智力、记忆力、思考能力，使头脑就更细腻、更精详。

我们现在提倡儿童智慧的开发，习惯也叫读经，就是那么一种古老的方法，那么简单一条路线。这个工作每个家庭都可以开始,拿本古书就可以背。

问:有人提问读经跟经济效益有没有脱节?

答:如果父母所希望的经济效益的定义,是让每个孩子们从学校毕业出来,在社会上就能找一份工作,可以赚钱谋生致富的话,那么有的人读了大学、硕士、博士,找不到工作的还很多呢!至于读了古书以后,怕孩子长大以后没有经济效益,这种想法是错误的。孩子们背诵古书,真的把古文背好,智慧开发以后,读现在学校的教科书,一看就懂了,这效益已经出来了。我们看到现在的教育方法,每个孩子从小学到中学,书包越背越重,眼镜越戴越厚,晚上做功课到九十点,天天考、年年考,考了高中,初中读的东西不要了,考了大学,前面的东西都不要的,这都是浪费。如果用背诵的方法,把文字基础、文化基础打稳了以后,读这些教科书,并不要花几年时间,只要几个月,中学教科书就都会,都懂了。这样可以节省好多时间,节省好多办学经费。可是大家不懂。经济效益的理论可以说是很大的。

问：现在工业这么进步，金融发展那么快，再反过来读古书，中间有什么关联？

答：工业发达，工商业作股票、经济、金融发展的时代，也要知识啊，知识要智慧指挥，读了这些古书以后，脑筋开发了，学知识就更容易了，智慧更高了，不但没有冲突，还有好处啊。

问：小孩子功课很多，那么再读这些古书的话，就没时间了，而且也增加压力。

答：现在很多小学幼儿园，每天十分钟，或每个礼拜只花一个钟头，就像唱歌嘛！这不会增加功课的压力。现在成果已出来，他们背熟了，中国字认多了，读学校的教科书认得更快了，自己也理解进去，不会增加压力，反而使他们更轻松愉快地打开脑中的思想，增加知识，一点都不妨碍。

问：还有一个问题，背完了永远会记得吗？

答：像我们是背书出身。对不起，还是记不得。可是到底记得不记得呢？记得。我七八岁读的书，我现在八十多岁，你提了哪一点，我马上都可以答出来，还是忘不了，理解了就忘不了。现在学校里，六岁起，读到二十几岁大学毕业，拿到博士，有时你问他，这十几年当中学的东西，就答复不出来呀，这是常有的事，很明显的事。因为他不肯背诵，是应付临时的考试，那样叫作强记、硬记。硬记不是背诵，背诵像唱歌一样，不用动脑筋。

现在的教育，假如是用脑筋强记，把脑筋都记坏了，这不是背诵。像有些人大学毕业了，再去背书，用的方法是强记，不是背诵。因为他已经成人，就是强记，背诵是小孩念"大学之道，在明明德……"，是什么内涵，并不知道的，就是会唱、会念，这个叫背诵。背诵是进到第八阿赖耶识里去，记忆强记是第六意识的作用，是脑子表层的作用。比如一个小孩子学普通流行的歌曲，随便一听就背起来了，他不要用心的，就永远记得了，这就是背诵。硬记的不算数。

——《南怀瑾先生关于"中西方文化导读活动"的讲话》

一个人，不管是孩子、大人或老人，会背诵有什么好处？你看宗教徒，尤其佛教、道教、天主教、基督教，老的前辈，他们重要的经典也是靠背诵，背诵使你意志专一，训练脑，同时加强思想，一边尽管背诵，不要去思考，那个理性分别思考的作用自然会带到起来，所以经典背熟等于和尚念经。这就是《大学》讲"知止而后有定，定而后能静，静而后能安，安而后能虑，虑而后能得"，这等于在做功夫，那么这种做功夫下去，使脑子宁静专一还要超越。所以背诵有这样的好处，不但是使人思考的理性发展，记忆也发展。现在人不背诵，学校的教育也叫你背，若只为考试，这是临时的记忆，不是真正的背诵，只要功课考完了，自己下意识就想把它丢掉，实际上背来的东西也没有意义。比如我前两天讲，因为我写一封信给杭州，忽然想起来，我跟杭州市长讲，你这样搞，我这房子"道旁筑室，三年不成"，即是路旁修个房子，三年都修不好，古人只有八个字。为什么呢？大家走来走去，人太多，每个人出个意见，自己拿不定主意，做事情有时要独断独行。那天讲到白话和文言的差别，你看这八个字背来就有用处，好多地方都可以用上，不只是盖房子的事。如果翻成白话：路边盖房子，三年盖不好。这样听过了就完了，不值得背，因言语没有经过文字的组织，就没有那个韵味。那么语言经过文字的组织，像古文这一类背来，不但经过思考的能力，同时增加记忆的能力，这中间有止定的功夫，拿现在的科学研究我不敢说了，应该对脑的发展，对老年人失去记忆，对这些毛病应该可以有帮助。像我小时候，看到老前辈读书人，没有看到老了昏聩及"帕金森氏"这些病。我看到老前辈临死时还在写字读书，精神百倍，可能都是这个背诵的功效。但这要科学求证，没有求证不可以讲。

——《南怀瑾先生关于经典诵读的漫谈》

这样"读"一遍书，等于看书一百遍

你们学古文学诗要晓得朗诵，千万注意！你们国学院的同学们成立了个诗社，这个诗社写信给我这个老头子，找到白头老宫女。我也很鼓励他们，不晓得他们来了没有。

中国人读书朗诵，你们既然学诗，学国文，还是要朗诵。所以，一个大学、一个书院里头要书声琅琅。那么，各地朗诵有各地的读法。我现在给你们示范一下，我们读这个书，一读就背下来了，这就会作诗了，它是有音韵平仄的（南师示范朗诵"竟日残莺伴妾啼，开帘只见草萋萋"）。为什么这样朗诵呢？看到这个文字，自己把身心都投到那个画中去了！算不定读了这个诗，自己一感慨会掉出眼泪。譬如我觉得，我的一生就是这一首诗。玩了几十年，现在你们大家叫我国学大师，我可做了白头宫女。全中国人喜欢搞西方的东西，谁来搞中国的？"庭前偶有东风入"啊！是代表自己的了。可是呢，全社会"杨柳千条尽向西"！

学国学，我主张千万注意朗诵！如果只是照现在看书的方法看啊，我相信基础打不稳，没有用！我是这一种念法，现在我请宏忍法师用国语，用闽南调的念法念一遍。所以这个朗诵没有规格的，你自己可以编，去唱。可惜我手边没有带来，在台湾已经编好，各地有很多朗诵诗的声音，自由发挥的。你找我们有名的朗诵诗词的大师明星焦晃，他坐在这里，等一下请他念一下，他的朗诵又是一种了。现在我们请宏忍法师用闽南调念一下。（宏忍师朗诵）

这是闽南语的念法，福建的念法。台湾的念书方法，哪怕日本人控制了五十年，小孩念书还是一样的。大师啊，来一下，你临时表演，我们的好朋

友，这位焦晃先生你们都认识的，演康熙皇帝的。(焦晃先生朗诵)

这是告诉同学们，你研究国学啊，诗文都要朗诵，千万注意！朗诵有个什么好处？你不要管你自己声音好不好听，又不是唱歌，歌是给人家听的。所以古人叫读书，在书房里读书吟诗叫"无病呻吟"。有时候啊，自己看到有感想，吟诵"竟日残莺伴妾啼，开帘只见草萋萋"，是自己对自己的欣赏。你这样一次读书，等于你们现在看书一百次，千万注意！不然你书是看多了，记住没有呢？记不住。这是讲国学嘛，所以古人叫"读书"，读出来，读的方法里头一个默念，一个朗诵，朗诵就是开口念，这叫读书。北方叫"读书"，南方叫"念书"，这样念书，心里、脑子里会记得深刻，心情也很愉快，心理情绪自然得到调节。这是学国学的第一步。

——《漫谈中国文化》

我们以前讲到中国文化，是靠读书来的。现在我想在座的诸位，不知道什么叫读书。书是怎么"读"出来的？以我倚老卖老看来你们在座诸位，都很年轻，跟我差一大截。你们不是"读"书来的，是"看"书来的，你们是"考试"来的。

自从推翻了清朝，一九三〇年以后的教育就更糟糕了。由小学读到中学，中学读到高中，到了高中以后，中学的东西不要了。高中读到大学，前面都不要了。大学以后读到考试出国留学，留学回来，以前几十年读书都浪费了，因为书不是"读"来的。所以讲中国文化，不管是外文也好，中文也好，都没有基础的。

我在大学里也教过书，也带了很多硕士、博士的学生，我上课从来手边不带资料的。想到哪里说到哪里，因为是读书"读"出来的！张教授也有这个派头。

什么叫读书？"读"书是用嘴巴念的。所以，我这七八年当中，在大陆提倡儿童读经，从幼小儿童起就读书，现在这个无形地推动，不但影响国内，还影响到外国。像我，当年就是受这样教育。因此，去上课也好，演讲也好，不带资料，也不带电脑。所以我就笑陈峰，他每次来跟我谈话都带个本子，什么都记，我说没有用的啦！你记了有什么用？越靠笔记本，反而什么都记不住！你们现在很危险的啊，不是危险，是很好笑的。不但靠笔记本，还靠电脑，什么事情听来就放进电脑。当场一问你，一片空白；如果停电了，什么都没有了！（众笑）

我们呢，是读书读出来的，那不同喽！从幼小记下来的东西，越到后来越有用，不用思考脑子里就出来了。所以，只要带一支笔，以前是一支粉笔就来上课了，讲到哪里，原文就背出来念出来，还要一字不漏。所以说现在，要这种读书方法才行。

我发现，半个世纪来，不但中国人，连外国人也不读书了。譬如英文、法文、德文，以前也是这样读出来的。现在也同我们一样，靠现场记出来，为了考试，考试完了，东西统统丢掉了。浪费精神、物力，浪费人的脑筋，再把世界上的人都变成近视眼……

我这几年提倡小孩子们要读书，要背书。小孩子不背书没有用，当然不是背现在的书，现在的书背了没有用。现在的教育演变很有趣，小学读的书，到了中学没有多少用了；中学的书，到了大学没多少用了；大学的书，留学又没有多少用处了，不晓得读的什么东西。

以我的经验，我今天还能和大家吹牛，人家说我有学问，我就笑，我这个还叫有学问啊？实际上一辈子在外面卖弄的，就是十三岁以前的东西。比如《资治通鉴》，十三岁以前，我已经圈点过三次了。古书没有标点，我一边读一边圈点，每一遍用不同颜色的笔圈点，不懂的地方拿给老师看，这样就会背来。以前我们读书叫读书，现在读书叫看书。以前我们读书，像现在朗诵白话诗一样，朗声念出来，唱的。这样读下来，也圈点过了，就会记得住。到了现在，比如《资治通鉴》，提到哪一段，心里就会现出那个影像，甚至在哪一页，哪一段，都还记得……

我告诉大家，背诵，你们不要觉得新奇，这是古老的办法，像我小的时候就是读书背诵。现在真的要讲学问，你们注意喔，你们大概不到三十年就看到了，将来整个人类文化统一，这是人类整个的文化趋势。你们应该有这个心理和眼光的准备，才可以谈文化。不要只认为中国文化了不起，也不要认为西方文化起不了。

当年大家的教育统统背诵的，英文、法文、德文也一样要背诵，现在外国人也发现自己不背诵的缺点了。背诵有个什么好处呢？美国人的资料告诉我们，背诵还可以治脑的毛病，治帕金森病等等，治记忆不好的毛病。背诵英文还不行，最好是背中文，尤其中文对治脑病最好。

从前人学东西都背诵。教孩子背诵不准讲理由喔！你就叫他背，像唱歌一样嘛！你看动物都跟着妈妈先学怎么叫一样，叫就是背。

比如说，现在发给你们的资料最后有篇《大学》，像我们以前读书，这篇是基本教育，我是十岁时背的。你问怎么背啊？我们小的时候读书，不看书的，这样唱的："大学之道，在明明德，在亲民啊，在止于至善……"（南师吟哦，掌声）。尤其到晚上，看那个老师坐在上面，戴个眼镜，抽个长烟筒，该下课时老师不讲放学，他看书看忘记了。我们这一班怎么办呢？大家出声念——"大学之道，在明明德……"（南师高声念）大家叫的声音越来越大。哦？老师把眼镜一拿，说，放学啦！读得好。哈哈（众笑），是这样背的。

背诗啊，像你们喜欢什么诗，总有两句记得吧？唐诗里边的，大概有一首诗你们都会吧，"月落乌啼霜满天"是吧？我们当年怎么背？"月落乌啼霜满天，江枫渔火对愁眠。"（南师吟哦）自己已经是快要睡着了（众笑）。"姑苏城外寒山寺，夜半钟声到客船。"（南师吟哦）是这样背的。背来以后好像忘掉，但一提"月落乌啼"，"霜满天"就来了，不用脑筋想的。还用脑筋想，那怎么读？怎么背？完了，那不叫背书。

我常常告诉青年同学们,你们要多背书,尤其英文也要背。以前小的时候我们有些同学学英文,早晨起来,我们笑他,不背中文站在门口拼命背英文。以前英文教育,先学音韵;现在先学语文,这个不同。所以背书的好处,还可以治病,还可以唱歌,还可以念经,还可以赶鬼呢!有时候鬼一来,你把那个书一背,他就跑掉了(众笑)。信不信在你,讲不讲在我,呵呵(众笑)!这是背书方面。

——《南怀瑾讲演录:2004—2006》

乡下的儿童,真正喜欢读书的并不多,这便是学教育的要研究孩子的"性向"问题。儿童们最高兴的,是盼到黄昏傍晚时候,要准备放学回家了。先生坐在上面,叫学生们好好读几遍书,就可放学。于是,每个学生精神来了,各自拿出自己的课本,照先生今天所教的,放声大叫地朗诵起来,那不是为自己读,是为了读给先生听。低年级读《百家姓》或《三字经》，高年级读《千字文》或《千家诗》等，摇头摆尾，彼此瞪瞪眼，偷偷地你拍我一把，我打你一下，一边笑，一边叫着念书，那真像"一群乌鸦噪晚风，诸生齐放好喉咙"。有读《百家姓》的，"赵钱孙李周吴郑"；有读《千字文》的，"天地玄黄宇宙洪"。"《三字经》完翻《鉴略》，《千家诗》毕念《神童》"，都是实际的情形。

最后两句"其中有个聪明者，一日三行读《大》《中》"。这是说学生中真有一个比较聪明一点的，将来准备读书上进考功名的，先生就每天照书本多教他几行，《大学》或者《中庸》。可是教是教你认字，《大学》《中庸》真正深奥的意义，那就不一定讲给你听了！事实上，先生也未必真懂，大多只是叫你死背记得，将来慢慢地会懂。以我来说，一二十年后，对于当时先生教我背书，将来慢慢会懂的说法，反省过来，还真觉得他有先见之明，反而很敬佩他的搪塞教育法，真够隽永有味的幽默感！

——《原本大学微言》

讲到中国六十年前读书受教育的事，除了为读书做官而考功名以外，有人又把中国过去两千多年来学术文化的范围，归纳为"记闻""词章""义理"三大类。如果从这一观念出发，我们也可以强调说：两汉以来的"传经之学"，大体上是属于"记闻"之类；隋、唐的文章华丽，是属于"词章"之学；宋、明以还，特别偏重"义理"之学。虽然如此，但在六十年前的家塾教育中，无论"义理""词章"，都谈不上，充其量只能说是教导记诵而已。有关人格养成的德育，也便在这种记诵之学的情形中潜移默化，种下了牢不可拔的种子。当然喽！这种记诵教育的方法，以现代教育眼光看来，完全是注入式的死读死记的方法，毫无启发才智的教育意义，甚之，是把人的头脑填成"书呆子"式的笨办法。

但从事实来说，并不尽然。当时的时代情况和社会环境，并不如现在的繁华和复杂。所以读书受教育方面，科类项目也当然不像现在那么多。当时所记诵的，只是有关"词章""义理"名著的简篇，而且每天背诵的也不太多。聪明一点的，只要花上一二小时的时间，就可以背诵出一篇文章。其余的时间，多半于优游自在中任性之所乐，读书、写字、吟诗、作对，或者做有限度的嬉游。虽然并无现代体育教育的设备，可是自由活动或打拳练武也被认为是正当之行为，并不太过管束。当时严格执教记诵的作用，除了为考功名时所必要以外，在旧教育的理论上，认为它有一种"反刍"的妙用。因为从童年脑力健全、思想纯洁时开始注入这些经书诗文，虽然当时理解力不够，但一到了中年，从人生行为的日用上和人事物理的经历体验上，便可发生如牛吃草的"反刍"作用，重新细嚼，自然而然便有营养补益的用处了。即如我们在这一代中，六七十年来的老少年们，对国家、民族、社会有所贡献的，也都是从这种教育方式开始，经过新旧教育的变革中所培养出来的人物。

——《新旧教育的变与惑》

一般的人们，太过年青现代化了，根本不知道过去传统的教育方法，是有多么轻松愉快，使儿童们在歌唱舞蹈的气氛中，达到文化教育的水平。古人所说"弦歌不绝"，就是这种境界。尤其是所采用的古书，都是浓缩了"人文科学"和"自然科学"等多方面"智识"的结晶，所以后世的人，就很尊敬它叫作"经典"。而且所谓这些"经典"的古书，它本身的文字，便是"文学"的"艺术"作品，所以也叫它是"文章"。好"文章"，就是"文学"的"艺术"，一定可以朗朗上口，便是很有韵律的歌唱。无论古文和现代的白话文，这个道理都是一样的。因此古人把最难记的"算术"，和其他"天文""地理""物理"等学识，都编成"歌诀"来唱，声声"朗诵"。那便是最高明的方法，使儿童不用绞尽脑汁去背记，自然而然地进入记忆，一生到老也不容易忘掉。而且犹如现在的电脑一样，意识一动，就在嘴上背诵出来了。只要有内行的好老师，懂得这种不是"注入"式的教育法，就可很自然地达到"启发式"的"注入"效果了。

我是从幼小开始，亲身经历新旧各种读书的教育法，现在已经活到八十岁了。从十二岁起，一边做学生，一边代老师上课。以后又经历过文的、武的、入世的、出世的、中国的、洋式的各种教育方法，都做过学生，也都当过老师，一直看到现在，深深感觉到现代的学校教育法，以及家长们对儿女的教育要求，都有很大的偏差，应当"反求诸己"，不可再来自误误人了。不过，文化教育是国家民族全民的大问题，我没有资格、也没有能力可以补救。但很高兴看到了有心之士能够领先尝试传统文化的教育法，为后一代的民族幼苗，培养文化的读书种子，使他们懂得"人伦之道"的"做人"道理，懂得"生存"之道的"生活"艺术，懂得人生进入"文学"化的境界，不禁使人倦眼顿开，欣然乐为之介。

——《南怀瑾先生为"儿童中国经典文学诵读"乐园介辞》

我现在嘴巴里背出来，十一二岁时背的书，到现在不要靠你们的计算机，也不要靠本子，讲到这里就自然出来，这就是我教孩子们背书的道理。背书不是随便记的，能背就不用刻意去想了，嘴里讲到那里，自然出来，这叫背书。想出来已经不是了，那个靠不住，那是硬性的记忆，不是背诵，所以叫孩子们背诵，是像唱歌一样地唱。他背会了，到死以前要出来就出来。现在我是背出来的，我九十岁了。

——《漫谈中国文化》

提到《孟子》这部书，也是非常有趣的。当我还在童蒙的时代，等于现在小学三四年级的时期，就开始接受家庭和老师的督促，要读《孟子》了。那时候读书，还要背诵得来，老师每天教一节，明天就要站在老师的前面一字一句地朗朗背诵上口，要背得很清楚很熟习，不能有错，错了要受罚，甚至用戒方打手心。当时并不注意内容的讲解，只要认得字，读得来，背得清楚。这一节背好了，老师再教第二节。

——《孟子旁通》(上·梁惠王篇)

我们当时旧式读书受教育的方法，是"读古文，背经史，作文章，讲义理"，那是一贯的作业。那种"摇头摆尾去心火"的读书姿态，以及朗朗上口的读书声，也正如现在大家默默地看书，死死地记问题，牢牢地背公式一样，都有无比的烦躁，同时也有乐在其中的滋味。不过，以我个人的体验，那种方式的读书，乐在其中的味道，确比现在念书的方式好多了。而且一劳永逸，由儿童时代背诵"经""史"和中国文化等基本的典籍以后，一生取之不尽，用之不竭。当年摇头摆尾装进去，经过咀嚼融化以后，现在只要带上一支粉笔，就可摇头摆尾地上讲堂吐出来。所以现在对于中国文化的基本精要，并不太过外行，更不会有空白之感，这不得不归功于当年的父母师长保守地硬性要我们如此读书。

——《新旧教育的变与惑》

古代的散文，也多少包含韵律的。古文中为什么那么多"之、乎、者、也、然、焉、哉"等语助词？就是在朗诵起来，可以抑、扬、顿、挫，帮助长哦慢咏，并且加重语气，也加深了印象，易于记忆。我认为古代的读书方法比现代好，不但有上述的好处，而且高声吟哦朗诵起来，把自己的感情放进去，可以与书中人打成一片。如读《论语》，有时好像自己就是孔夫子了，在无形之中又是一项德育的潜移默化。而在生理方面，又等于做了深呼吸，练了气功。不像现代人读书那样，低着头默不作声地死啃，把知识向脑子里硬塞硬填，强迫脑子死记，这是多么痛苦！今天年轻人近视那么多，和读书方法大有关系。我们幼年时读书，是把知识像唱歌一样唱进脑子里去的，当然那个时代是拉不回来了。

——《孟子旁通》(中·公孙丑篇)

孩子读经典，
先从"四书"开始

我们现在教育，儿童开始读书是一件事，真正儿童教育，根据中国传统文化，小孩子在六岁至八岁之间入小学，学的是"洒扫应对"，怎么扫地、抹桌子，怎么与老师、大人、朋友讲话的礼貌态度、规矩，这个最重要。古代讲入小学开始学洒扫应对，是学做人的基础，教育的目的是做人。人做好了以后，一个人从小学会做人处世，你不要看扫地抹桌子端碗，都是一种生活的教育，生活教育会了，以后长大去做事自然会了。基本的教育没有学好，而专门去读书，那个是学知识，把知识学会，而做人的基础没有，这个教育是失败的。在古代是这样一个道理，这样一个观念。

现在比较起来与古人违反。现在小孩子进幼儿园也好，受小学乃至受大学教育，学的都是知识，对于做人、处世的基本，都是不稳，所以一片混乱。我们过去小的时候，我们讲过去，不是几千年，像我们继续下来，等于传统文化到了清朝三百年保留遗传下来的这个教育方法，开始进了学校，还保存有一点基本的洒扫应对，老师也教你怎么做事及做人的规矩，这些都有。跟着是读书，老实讲那时候没有学校，叫作家塾。后来到民国以来，因为新的学校开始，法定叫西洋过来新的方式为学校，把原来私人办的叫"私塾"，私塾是法律的名称，传统的名称叫作"家塾"，也就是学校。家庭请一个老师，约附近的孩子参与，专门请一位老师来教书的，这个叫家塾。家塾里头有些或者全部是男的，有些是男女平等，女孩子也参与读书的。现在都晓得古代人教《三字经》《千字文》《千家诗》《百家姓》等等，其实不一定，像《千字文》等等还是很普通的。对于乡下那些孩子先学会认字来读的，真正准备读书的，还不一定从《三字经》

《千字文》开始,真正的入手,或从《大学》《中庸》《论语》《孟子》,从宋朝所编的四书入手。这里头有个道理,《三字经》《千字文》这些,一方面教你认字,一方面是好玩,三个字一句,"人之初,性本善,性相近,习相远",那个好玩,又容易念。但是这样在家塾教书,一个孩子一天读得了四句,不过只会念念,要会写都很困难。大部分这些孩子,读完《三字经》《百家姓》,据我所知道,长大一点什么都忘了,一个字也写不出来,都是白读的。真正要读书的孩子,老师和父母就选择了,先读《大学》《中庸》《孟子》,《论语》还是其次的。为什么呢?像他们现在测验下来,幼儿园的学生背《大学》很快,个把礼拜就会了,叫幼儿园学生背《三字经》就很困难,这是他们集中告诉我的数据说,到了小学背《三字经》《千字文》快,但是背《大学》就困难。这有道理。为什么如此呢?因为《大学》《中庸》《孟子》《论语》的文章,我常常讲,这些是代表中国上古齐鲁的文化,北方的文化,也就是中国文化真正重镇,东汉以后是属儒家的文化，文字非常美，而每个字都不浪费，而且态度很文雅，文章的气势，背了以后慢慢会启发人的思想，这是齐鲁文化的特点。

至于说至楚辞，像《楚辞》就是屈原所作。我们现在端午节吃粽子，是为了纪念屈原投江自杀，尸体还没有找到，老百姓怕他的尸体被鱼吃掉，所以赶快包一些糯米的粽子丢到江上去喂鱼，这才发明了粽子。屈原有名的文章，当时他自己的国家乱，政治不好，忧国忧民，所以创作文章留下叫作《楚辞》。《楚辞》里的《离骚》是文章篇名，他写完了以后，愈想愈难过，觉得楚王不听他的话，一定会失败，因此受不了，投江自杀。像《楚辞》《老子》《庄子》这些文章固然很美，不是齐鲁文化，这是南方文化，可以说是楚国的文化，非常优美，所以后来的诗词以《楚辞》这些为标准来的，不像《大学》《中庸》《孟子》这些这么深厚，非常有韵味。因此中国孩子们开始准备向读书这条路，乃至求得功名、做官，贡献于国家的人，多半是先读《大学》《中庸》《孟子》。这些文章一背来了以后，开始老师们也不大讲解，所以我当时问老师这是什么意思，老师说："不要多问，去背，将来长大了会知道。"我对这个答复，非常反感，心里想大概这老师自己也不懂。后来我长大了，晓得这老师的教育，传统这个办法是对的。如果他当时讲了以后，你不过认识几个字，只懂了一点点意思。其实每一句话的内涵太多了，等你长大人生的经验多了，背出来以后，启发很多思想，很多道理，所以要儿童先从《大学》《中庸》背诵来，跟着你人生的历程，长大对人处事有经验，自己因为背来，不用思想，会自然启发悟到很多道理。不像你们现在背书，不叫作背书，叫作强记，勉强记下来的。若是背来，脑筋都不用，自然就出口了。像我的习惯，有时候跟你们讲话，一边讲话一边背来的东西就出来了。你们去考试，看了题目，因现在都是强记的，拼命想，结果考完试屁用都没有。

所以说先读《大学》《中庸》开始，有这样的好处。等到你背来长大以后，譬如说《大学》你背得

"物有本末，事有终始，知所先后，则近道矣"，你将来做生意也好，处事也好，考虑事情：唉呀！《大学》讲过的"物有本末"，一个东西有头有尾，任何一件事有头有尾。"事有终始"，一件事有良好的开始，才有良好的结果，事先不计划周详，莫名其妙的开始，一定是莫名其妙的结果。"物有本末，事有终始"，你将来长大一想就知道，处理事就不要人教了。又"知止而后有定，定而后能静，静而后能安，安而后能虑，虑而后能得"。对一件事情考虑要专一，晓得这一件事成功到什么程度，开始应从哪一点入手，这都是"知止而后有定"，拿定主意以后，心境就非常宁定，很冷静地处理，"定而后能静，静而后能安"，心安理得处理事情，事半而功倍，花不了多大的气力做成功了。如果乱做，不晓得"物有本末，事有终始""知止而后有定，定而后能静"，一般人拿到机会就乱来，最后都失败。这是比方，背了《大学》对做人处世长大有用处就在这里。

在小时候背得有味道"大学之道……定而后能

静"一气就下来，又好背。《三字经》固然是三个字一句，那是唱"莲花落"敲嘎吖板的办法，那也是一种韵文，不像《大学》《孟子》这种韵文是优美的。所以我们从小的时候，老师告诉我们，你们将来要写好文章，不管白话文或古文，一定要把两部书读好，一部是《孟子》，另一部是《庄子》，这两部书你会，你的文章出手一定不凡。他还没有讲到《大学》《中庸》。其实《大学》《中庸》《孟子》三部书是齐鲁文化，一个文体的，非常吸引人。我们当年听了也注意，多背几篇《孟子》《庄子》，也体会不进去。等到自己长大要用的时候，果然如老师所说，印象非常深刻，的确是这样。

现在人，大家都读几句书，认几个中国字，根据口语就会写文章，完全是白话语体的，不足以流传。像报纸的文章，最多是三分钟寿命，看完就没用了。刊物文章是五分钟寿命，不管是讲经济、政治的，一看完就丢了，不足以流传。古代的这些文章你写好，你将来好的白话文也会流传，其实那些古文都是白话。

我们这样提倡背诵，有人提过："老师！叫大家背诵了，会不会忘记啊？"我说会忘记，一定忘记，不忘记不算数，但是你说会完全忘记吗？不会忘记。你们背诵完了以后，不管多熟，会忘记的。在中国文化有两句话，你们要记住，第一句，学武的"拳不离手"，譬如我也学了一辈子的武功，我也十二岁就文武双修，十二岁我就开始练各种拳，现在要我打一套拳，我都打不出来了，"拳不离手"，没有练就忘了，那个拳路子忘了。现在假如我练拳可以编出一套拳，跟太极、八卦都不同，更好，我可以融会贯通，把它编进去。第二句，"曲不离口"，唱歌的歌星，唱得再熟，几年不唱也会忘记的。背来会忘记，没有关系，这个里头有个科学研究。如果讲到佛学，以背诵来讲，背诵是书进到阿赖耶识去了，阿赖耶识没有意识思维成分的，永远记着，这是从佛学来讲，太高深了。实际上，背了书，会不忘记？会忘的，但是真的背书,不是硬记喔,现在大家读书是为了考试硬记,考完就丢了,这个没有用。背诵是不用脑筋地背来了,你将来长大了,遇到做人做事时就有用,就出来,乃至出来一句两句就有用。

我举个例子,中国人读书都晓得成语,尤其这几十年,我提倡儒家《论语》等,大家都晓得宋朝一位有名的开国宰相赵普,他说我以半部《论语》治天下,因为他家里穷,从小没有好好读书,就是年幼五六岁的时候背了半部《论语》,生活不行,就要出去当兵做事。可是后来当宰相的时候,他年幼背的就用出来。他后来何尝不读书呢?赵普真的一辈子只读半部《论语》吗?那是他谦虚的话,他是讲当年读的基础,年轻背下来,将来就有用处。

还有个问题,我们提倡儿童中英文经典诵读,以及珠算心算,并非以诗词为重点,目的是希望孩子们把中国文化基础打好,将来能够了解全部的中国文化与西方文化,乃至了解科学,出一些大思想家、大政治家、大科学家。因为诗词是个人心情发挥调整用的，而治国需要大思想家、大政治家、大科学家。

——《南怀瑾先生关于经典诵读的漫谈》

读经很重要，
但要配合现代教育

从儿童时期开始诵读历史经典名著，是我们一贯的基本教育方法。例如大家所熟悉的孙中山、毛泽东、周恩来、邓小平等诸位先生，又如吴大猷、苏步青等诸位先生，都是在幼年时期受过这种启蒙教育，有了中国文化的底子，然后又接受新时代的科学思潮，才影响了这段历史。

可是从二十世纪的二十年代以后，受西方教育思想的影响，我们逐渐忘失了"承先启后，继往开来"的文化教育精神。其实，据我所知，欧美国家也开始反思现代教育中的流弊而逐渐恢复传统的诵读法了。因此我们有责任对未来的一代，担负起这项文化断层重整的工作。

　　需要说明的是，我们并不只偏重中国传统文化的学习，而是提倡中国文化、西方文化、算术（中英算）并进的教育方法。还需注意的是，儿童读经典不是注入式的刻板教育，而是启发式的活泼愉快的学习，是符合儿童身心发展特点，有益于儿童智能开发的一种教育方法。也有人怀疑，背诵之后会不会忘记呢？我的答复是：会忘记的。可是在心灵纯净的童年时期记诵下来的东西，如同每天的饮食，会变成营养，会成为生命的一部分。长大之后学习、工作、待人接物自然运用出来。至于成年后再来读这些书，因为有了先入为主的观念，犹如脾胃不健康的人，即使面对丰盛的美食，也难以吸收其营养了。《礼记·学记》篇中所提到的"记问之学，不足以为人师"也就是这个道理。

　　我做这项工作已经四年了，据中外教育界等各方面的反馈，普遍反映这种教育使儿童在人格、智能、责任感、自制力等各方面都有明显的进步。同时，也带动老师、父母、祖父母在学校和家庭形成了学习文化的风气。

——《南怀瑾先生致国家图书馆经典讨论会贺电》

一般人搞错了，以为我们提倡读经，事实上我们是主张读不起学校的贫穷孩子在家里自己学，中文、英文、数学，一齐来，并不是要中国专出诗人。现在到处提倡读经、办私塾，这是错误的，读了经什么学校也不进，科学也不知道，孩子只要会背《大学》《中庸》《千字文》《三字经》《弟子规》啊，就觉得了不起了。这不得了啊！我们没有提倡这个，这叫读死书，死读书，读书死，一定糟糕。

像我们这里，读经也很重要，但是要配合现代的教育一齐来的。你看我们有好几位教外文的老师，孩子们日文也会一点，英文也会一点，这些都要会，我们没有光提倡读古书啊！现在外面提倡，你们千万不要犯这个错误，这样搞，孩子以为自己书读得很好，其实什么都不懂。

教育的目的在生活,孩子来我们这里,先教怎么穿衣服,怎么洗脸,怎么端碗,怎么吃饭。现在的社会,连大人们都没有这些规矩了,鞋子乱丢,东西乱放,自己都成问题,怎么教孩子呢?譬如我们这个地方,前一次办活动来了一两百人,我那个孩子也来了,我走了几圈,碰到他三次,就见他在那里团团转,拿个吸尘器到处吸,说这里的人怎么那么不守规矩啊?地上都是脏的。他看到哪里吸到哪里。我说你不要这样啊,在这里搞不完的。他说他实在看不惯,我说这是生活教育没有做好,鞋子乱丢,垃圾乱丢,穿衣服没有规矩,做人也没有规矩,讲话没有礼貌……这些都是儿童教育最重要的。所以中国文化讲教育啊,小时候的重点在"洒扫应对",这是古文了。你们希望孩子懂古文,你们自己先要会,洒扫应对是生活,早晨起来要怎么样扫地,怎么样清洁房子,等等。

像这里有位大老板,他大学一年级的时候来我那里，要求参与听课。我不准他参加，因为他上的是最好的大学。我说你好好地去念大学吧，到我这里干什么？他说我已经考上在那里读书了，我到你这里来是学文化的。我说要交学费，学费很高的。他说我没有钱，还有别的办法吗？我说有啊，你在这里打工，因为我晓得考取名校的那个傲慢心理。他答应了，说好啊！就来打工。

他一来，我就让他去洗厕所，洗完了，我亲自检查，跟他说这个厕所没有洗干净。他说马桶里刷不到，我就用手去掏给他看，他一看就傻了，问我：老师啊，你是这样做的吗？我说清洁卫生就是这样做，尤其这一班人乱七八糟，烟头都丢在这里，卫生之乱，你用水冲不掉的。还有洗茶杯，我说这个玻璃杯也没有洗干净。你们洗茶杯，放在水龙头底下这么一冲就好了，茶杯最脏的是嘴唇这里啊！要把这一圈洗干净，洗好还要对着光照一照，看看干净了没有。他现在是上市的大公司的老板，学位也读到外国名校的博士，在我面前他一样给人家倒水，他是接受这样的教育的，这叫"洒扫应对"。

孩子们主要要教他们学会谋生的职业技能，不是读名校，读名校出来又有什么了不得的？那个我们看得多了。生活的教育最好从家庭做起，尤其你们是家长，教孩子更要注重生活的教育。你们不是都读了《大学》吗？自己正心诚意，修身齐家，治国平天下，从本身做起。这是临别赠言，我讲话很直，对不起啊，这是我所看到的现象。

——《廿一世纪初的前言后语》

最近七八年中间，我带了年轻同学们，拼命推广儿童读书。社会上把我的意思理解错了，说我推广儿童读经，好像提倡复古。但是我提倡的是中、英、算一起上，包括四书五经在内，尤其是唐宋以前的经典，要读诵、会背、默写，还有英文经典，并且要练习珠心算（珠算熟习以后，心里有个算盘作心算就很快）。这是文的教育，还要武的教育，艺术的教育，融合人格养成教育一起来。看上去内容很多，实际的安排很科学，效率很高。这样培养出来的孩子，智慧得到开发，自己会读书，体魄健康，知道怎么做人，会懂得东西方的传统文化，可以开创未来了。而且实验证明，这样教育出来的孩子，读教育部安排的课程，一个学期的课程一个月就学完了。

后来，我看到现在的教育界，甚至教育部，也开始跟上这个路线。徐永光先生今天也在这里，他也是响应者，他是希望工程的创办人，当初是小朋友，现在变成老前辈了。他们也发动跟着做，出了很多书。但是开始时，编了太多唐诗宋词，我也反对，我说我推广儿童读书，中、英、算一起上，结果你们把儿童读书的重点变成唐诗宋词。我说这样读出来有什么用？中国未来培养一万个李太白、一万个杜甫也没有用啊，那不过多出两个诗人嘛！我希望后一代出很好的思想家、很好的科学家、很好的政治家，这是目的。

——《南怀瑾讲演录：2004—2006》

语言

文字重要！你们学国学第一要注意这个！这是中国文化宝库的钥匙！钥匙找不回来，不要谈宝贝了！

中国文化宝库的"钥匙"

学习国学,第一要注意中国文字

我们今天讲中国文化,那么,文化的基础是什么?我的定义是:言语、文字、思想(思维方式)、生活习俗,这四个要素的构成就是文化。至于政治、教育、军事、艺术、文学等等,那是后面的事。

如照孔子当时的分科,它是以德行、言语、政事、文学四方面来概括人文文化。

比如说文字,中国秦朝第一功劳是统一了中国文字。春秋战国以前是书不同文,各地的文字,河南、山东的,南方、北方的文字,不统一,不方便交流。言语更不统一。车不同轨,两个车轮的间距不同,路上的车辙就不同,不方便交通。文字的统一,从春秋战国期间已经开始,到秦朝正式统一了。中国人非常伟大,这个文字统一影响了整个的亚洲,影响了朝鲜、韩国、越南乃至东南亚各国到日本,统统是汉文化的天下。可见文字统一影响的重要!

现在我们自己在破坏文字了,给人家也看不起了,研究自己文字来源的"汉学"也不知道了。譬如写一个"麵"吧,写成这个"面",到馆子店里吃什么?那个"麵"用这个"面"代表,好稀奇哦!变成吃脸,这个算什么文字?好多好多唉!譬如说孔子云,那个"云"字一打出来繁体字变成天上的"雲"了。自己破坏,很丢人!注意哦,文字统一!

当年一个哈佛大学教授问我:"我问你一个问题,历史上一个国家民族亡掉,是不是永远不会翻身?"我说:"不错,你们西方历史是这样。""那对不起,我请问你们中国,几次亡国几次什么,这个国家永远存在,理由是什么?"我说:"那你西方人不懂,统一!"他说:"什么叫统一啊?"我说:"文化的统一,文字的统一。"他听了愣了:"嗯,有道理。"我说你看整个的欧洲，到现在德文、法文、西班牙文，什么文，各种文还不同的。英文字，你说英文明明是 Yes，到了美国不叫 Yes，叫 Yeah 了。你们大家说自己"我在学英文"，我说你们还有资格学英文啊？一百年以前的英文你就看不懂了。可中国几千年都是这样的。

言语统一，也是大问题。文字下面就是言语，言语统一是靠这一代！我们全国的言语到现在还没完全统一，这两三千年文字统一了，言语现在才开始统一，还没有完全统一。

中国晓得语言会变的，所以把几千年的文化，诸子百家等等，用两千多个字保留，后世读三千年五千年以上的书没有问题。你去看看英文，十几万字，英文也好，法文也好，德文也好，一百年以上的古文他都不懂，非专家不可，因为言语十年二十年变动很大了。

譬如我们现在年轻人讲的话，我们听不懂，年轻人有年轻人一代的语言，他们讲悄悄话，公开对我们讲，我们也听不懂。中国古人晓得言语一二十年就变动很大，因此把言语变成文字，我们现在叫它是古文，其实不是古文。古人把文字变成个系统，一万年以后读了这个书，跟一万年以前的人交流对话，没有空间、时间的距离，这就是中国文字！

这个伟大的文化宝库，保留了几千年多少中国人的智慧、经验、心血啊！而且古人写书是用毕生的心血写的，留给后人作个参考，非常小心谨慎。哪像现在人随便写书，东拉西扯就是一本书，有一点小心得就吹得不得了，当成真理了。现在人随便批评中国文化，请问你读过几本古书？就算你读过，你读懂了吗？而且那几本书就代表中国文化了吗？笑话！西方文化你也不懂，留学几年就懂了吗？你只看到皮毛的一点点而已，回来就说西方如何如何，也是笑话。英文是两次工业革命以后才流行的，你要研究以前的西方文化，还要研究拉丁文或希伯来文。

所以说文字重要！你们学国学第一要注意这个！这是中国文化宝库的钥匙！钥匙找不回来，不要谈宝贝了！对音韵"小学"不通，国学怎么学啊？如果以我的经验劝你们，像我读书的经验，老实讲，我文武的老师很多，但真影响我的没有几个，真影响我的还是《康熙字典》《辞海》，就靠自己尽量地研究。你们读书，要拿出这个精神来研究。

刚才讲到研究国学、中国文化问题，我的意思，中国文化的定义有四个要素：言语、文字、思想（思维方式）、生活习俗，这些综合起来，包含了政治、经济、军事、文学等等，都在内。所谓中国文化，是相对于外国文化而言，全世界有四大古老文化——印度、埃及、希腊、中国。所以研究中国文化，不要忘记了与其他文化对照。

我常常拿一个国家的文化跟中国文化做对照，就是印度文化，它非常高深。如果以我研究宗教的立场，所有世界上的宗教，包括摩西出埃及建立的文化世界，都是从古印度文化影响的范围来的，所有的宗教都是从印度来的。中国文化跟印度文化同样是古老文化，我们开始不用宗教，而用科学，用数学、天文等等建立了中国文化。但是印度文化没有像中国文化这样，用统一的文字记载了几千年的文化内容，很可怜的。四大古老文化的比较研究，其实问题很大很多，今天我这样轻易带过去，不多谈了。比如我们现在全世界通用的数字 1、2、3、4、5 到 10，原始是由印度传到阿拉伯而发展出来的。

我们要了解自己的文化是这么一个特别的东西，掌握了这套文字的钥匙，一万年之后的人，读古人的书，没有时间距离。所以说文字语言特别重要！

——《漫谈中国文化》

文言文——中国文化宝库的钥匙

中国人要先懂得怎么认识中国字，懂了古文，研究起来就很简单。现在从白话教育入手，尤其是从白话简体字入手，那就不要谈中国文化了……

诸位年轻的朋友，很多从现代简体字的白话文教育入手，看不懂自己古代传统的文化，很难了解是什么意思，所以固有传统文化变成没有用的东西了。等于你把那个宝库的钥匙丢了,进不了门。只是听人家乱说,认为那个宝库里面都是糟粕垃圾,就把垃圾糟粕和宝贝一起丢了。许多留洋回来的人,认为中国文化不适应时代了,其实中国文化是什么,他根本不了解……

中国文化几千年,中国人老祖宗早就知道,言语是三十年一变。现在不同了,现在语言十五年就一变了。言语如果不跟文字脱离关系的话,一百年以后的人就不懂一百年以前的文章了。

我常常告诉人,你们喜欢读唐诗宋词,先学会广东话,先学会客家话、闽南话。那个音读诗读词非常好听,你拿国语一读都不对了。所以现代人,很多人学国语出身来作诗词,我看了蛮头大的。我说你诗是很好,有诗才没有好诗,不懂音韵。言语跟音韵,跟文字脱离,文字单独。中国人知道,所以把言语跟文字脱开,变成中国一种文体,现在我们叫古文。这个道理一学就会了,只要一个孩子花一年的时间,认识了两千多个字,五千年以前的书,五千年以后读,完全可以懂。

你看英文、法文、德文就不同了，他们是跟着白话走的。白话文一百年以上的都变古文，非专家读不懂。你们现在偏偏要提倡白话文，还提倡简体字，将来不晓得怎么办！比如我年轻时也住过上海，还懂一点上海话。我现在一讲上海话，上海那个戴卫东经常笑我，老师啊，你这是老牌的上海话，现在上海话有新的。所以我说我这些资料发给你们，是当时的白话，如果你和孩子花一年的时间，把这些文字搞通了，就有四个字——博古通今。

从白话文教育入手的人，对于中国文化永远通不了。中国文化许多资料宝库都在古文里头，你这个钥匙都打不开，历史也读不懂，中国文化读不懂，西方文化也没有搞通……

中国字是方块字，有"六书"等六种结构或使用方法。小学就懂得六书，譬如"天"字为什么这样写？过去拆字，一叫作一划分天地，就是说，以科学哲学的道理，这个宇宙天地是个完整的，不能分开。我们人类创始文字，拿一划分开了，叫"一划分天地"。一的上面一竖，点一点，叫"上"字，这叫"形而上"，就是说，看不见的天。一的下面，如果下来点一点，叫作"下"，这个里头讲起来很有趣。中国的文字，所以讲六书，实际上开始都是图案。

为什么变成这个文字呢？因为我们祖先，晓得人类的语言，三十年一变，如果用白话文把古文记下来，到现在五千年，这个书是没有办法读了！所以把语、文分开，把语言变成一种文字。因此我们五千年的文化，用古文保留下来，只要学两年的工夫，一个孩子学通了中国文字，就是"上下五千年，纵横十万里"，这个文化一下就懂了。所以，文字是独立的。像我们中国字是方块字，合起来，在《康熙字典》里面，大概接近五万个字。但是一个中国人，如果方块字认得有两千五百个的话，哦哟！这个学问是非常大的喽！大学教授教语文，教国文，还认不到一千五百个字呢。

我常常同外国朋友讲，我们和你们不同啊，你们英文字到现在有五十多万哪！平常用到的是一万多字。你们文化和我们不同在这里，但是你们不晓得啊！

我们中国人有个"电"字，发明了一个灯，叫"电灯"；椅子有电，叫"电椅"；讲话，有"电话"；能看到的，是"电视"。很简单！他们不同，每发明一个东西就要创造一个辞，统计起来很多很多。

所以中国文化六岁入小学，是先要认识字，十八岁入大学，这是过去的教育。大学不是现在的大学，所谓大学就是"大人之学"，要做一个人了，长大了，学怎么样做人、做事，这个文化叫大学。我们过去的教育传统是这样的。"二十而冠"，二十岁戴帽子，男孩正式变成男子汉，成人了。等于我们现在法律规定，二十岁正式成人，取得法定的年龄了，身体还没有壮，所以叫"弱冠"。女人二十而嫁，男人三十而娶，要结婚。中国人各地也不同的，乡村社会更不一样，像我们十几岁就结婚了。

中国文字是这样来的，因此我们现在不读书，不懂得中国文字，古书就读不懂啊。

中国文字为什么单字来的呢？这就是中原文化。以山西、河南，尤其是河南为标准，中国的中心地带是河洛文化。这个阶段文字的建立是非常重要的。刚才我的话，没有离开原来讲的啊！所以我们当年读书是要这样把中国文字背来，背进去了以后，一辈子用之不尽，学问就是这样读来的。现在，讲儒、释、道三家的学问，真难了！因为大家没有基础。

——《**南怀瑾讲演录：2004—2006**》

学习中国字，
注意三个方向

昨天下课以后有朋友说，古文很难念，我说古文很好念，繁体字更好念。中国的方块字，有边读边没边读中间；你这样读下去只要半年一年，古文也就懂了。有人听了很高兴，一个老同学李慈雄博士，就拿这个话来当笑话，也是真话，勉励人家。我们这个老同学，是斯坦福的老博士，我听了哈哈大笑来纠正他。我们在座的，好像也有人民大学国学研究所的同学，他们听了也笑我老头子乱讲话。

其实这个话很有道理，你们现在研究古文，中国方块字认识了一千多个，就是大学问家了。我常说的，我们小孩子读的《千字文》，只用一千个中国字，把上古到南北朝整个的文化大系，天文、地理、科学、政治，无所不包都讲了。所以过去有些外国人到我那里学中文，先学会这一本书，一年以后就行了，是真的。

所以中国字，刚才我说那个话大家不要搞错了，真的研究中国方块字，有几个方向，一个叫"小学"，是中国古代的教育。"六岁入小学"，学认中国字，因为一个中国字常常有好几个意义。学会了认字，一年半年，你学问就很好了，什么书都可以读懂，连科学翻译中文的也懂了。"小学"专门学认字，我们小时候读的，后来这个变成大学的专科了，真好笑。这是我们这一百年当中文化的转变。所以大家现在从简体字入手的更困难了，但是也不困难，先从认识中国字入手。

第二个，中国文化叫"训诂"，训诂是专门解释一个字的内涵，我们方块字同外国字不同，一个方块字包含了好几个思想概念。训诂之学是在汉朝两三百年中，学者专门研究文字的学问，所以汉朝的训诂之学叫作"汉学"。现在外国人讲我们中国文化叫汉学，这个观念是错误的，可是外国已经流行了，所以这方面要知道。尤其我们人民大学是我们太湖大学堂合作机构之一，校长也亲自来了，特别推荐你们国文研究所来的。我看你们都可能是未来的孔子，所以我很佩服你们的努力。

第三个方向，认识中国字要研究音韵之学，音韵之学就是研究方言了。民国初年有一个语言学家，非常有名，清华大学的老教授赵元任。我们年轻都喜欢唱流行歌，我还记得有一首《教我如何不想他》，就是他的作品。他懂得方言，研究方言，甚至研究到国际的方言，这是一个实例。

——《小言黄帝内经与生命科学》

研究文字先要研究"小学"，我们的文字学，最有名的一本书叫《说文解字》，汉朝许慎著的。讲中国的文字有"六书"：象形、会意、形声、转注、假借、指事，六个方向。

我们看象形字，有些是图画来的。

很多字是形声字，根据自然的法则，譬如"江"跟"河"，我们读"江"是照现在国语发音，照广东发音，念"刚"，模仿长江流水的声音。河，"呵"，模仿黄河流水的声音。都是"水"字旁，旁边加一个字不同。形声来的有很多文字。

会意，许多中国字一个字指多方面，你一联系上下文就知道是什么意思。譬如我们听声音的"听"字，有时候在古文里这个"听"字不念平声，而是去声，"任其自然"的意思，是会意来的。

"六书"配合《康熙字典》，中国文字三个月你就搞通了！像我当年研究小学训诂，用了一个月，可以读书了。像现在的教育方法，天天上课，搞通文字了吗？不知道。

——《漫谈中国文化》

中华民族的文字结构，我们是值得自豪的。用中国文字所构成的古文学，也是值得自夸的。我们姑且不从"六书"和训诂等来说中国的文字和文章的价值，首先应当了解我们祖先的文化精神，在任何方面，都是寓繁于简的。上古的文字，大多以象形开始，同时又需要以最简单的动作，把它雕刻在兽骨或竹简上面，因此更需要言简而含义多方，以便于书刻。这种文化精神随着时代的扩展，便构成了我们所谓的古文体裁。更明白一点地说，这种古文体裁的文学，便使文字和语言完全分开，同时也使文学词章超然独立在时间、空间之外，因此，保留了五千年的文化思想。先人与后世的意识，完全不受时代环境的变革而有所阻碍难通。换言之，依照过去旧式教授文字文学的方法，只要真能教、真能懂的，不过花费青少年时代一二年的时间，便学会了这种写作文章而统率各种语意的做法，然后终生用之不尽，取之不竭。当然，这种教学方法，势必包括小学的"六书"和"训诂"等的方法。如果硬要把"训诂"和小学"六书"

视为毕生学无止境的课题,或者像现在一样,到了大学或研究所博士班里才开始研究,那就很难说了。至少,纯粹从旧式教育来讲,这并不完全是在浪费青年宝贵的光阴。

了解了这个道理,我们便可知道中国五千年来文化遗产的古典书籍,数目并不太多。中国字典包括的字数也不多。而且自古以来的学者,如果不做文字学的专家,真能认识了两三千个字,便足够应用发挥而有余了。懂了中国文字的运用以后,就可了解古文的一两个字便包括多方的意思。如用现代的用语来解释,或许要用十多个字才能说得清楚。例如我最近答应翻译《周易》一书为白话文,当我着手工作以后,才后悔自寻苦恼。因为我看《周易》卦爻的词句,本来都是语体,非常明白,若要把它翻译成现代话,那可真够麻烦了,有时候一字要变成好几个字的句子,而且还要加以解释,即使如此,也可能还不够明白。由此联想到现代出版的书籍,几乎有盖古之多,好像真是知识的爆发似的,从另一方面看,也可以说只是文化退化的贫乏现象而已。

可是话说回来，再进一步的新文艺运动是必需的吗？我倒认为是极需的，不过，不能弄错方向就是了。我们现在需要的是"温故知新"，如何整理五千年文化的遗产，如何吸收西方文化的精英而融会贯通，并发扬光大。只以文学来说，我们到目前为止，就没有办法创作一种文体，足以概括古今而永垂式范的。老实说，所有专心一致搞新文艺运动的，大体上都和我们一样，不是博古通今之士，甚之，连传统文化遗产的边缘都还未摸着。只知随着时代的潮流，漂流在大西洋与太平洋的文化边缘，如"海上仙山，可望而不可即"而已。再新的新文艺，必须是真正切合中国文化的新文艺，那恐怕不是目前所搞的新文艺运动所能负的艰巨大任。

当我在说这些观点的时候，恰好看到（一九七一年）十月一日《联合报》第三版上登载了一篇专访，报道数学界的学者专家们正发起一项"科学中文化"的运动，他们已开始用中文写数学的教科书，期以十年有成,达到"科学在中国文化中生根"的目的。看了以后,情不自禁地对他们肃然起敬。这一作为,才真是中华民族、中国文化的重要工作。我们闹了几十年的科学,到今天才开始中文化,比起日本虽然已迟了几十年,但到底是我们学术教育界的一大觉醒。迎头赶上,也许胜过别人。但我希望其他如医学、天文、物理等学科,应该也会如"风行草偃",慢慢地跟踪而起。可是其中最困难的前奏,恐怕还是再新的新文艺运动吧!

——**《新旧教育的变与惑》**

孩子学中文，
最便捷的几本书

有一本书《幼学琼林》，你们国学院的同学们要特别注意，你把这一本书会背的话，什么天文、地理、政治、军事、经济，你大概会知道了。都是很有韵律的文章，要朗诵，要念出来，要会背，全部都背做不到，就背一些重要段落章句。《幼学琼林》的编者是四川西昌人，这些人都是默默无闻的。古人著书不是希望赚钱，不是希望版权，他希望把自己的心血传留给后面的人。不像现在的人，到处向钱看，看到钱，魂都掉了，读书人人品都没有了。古人不是这样，这些人贡献多大啊！

——《漫谈中国文化》

在中国文化方面，我想你们的底子也不一定扎实的，这还是客气话。你们可以趁着在这里教书时，专读一本书，《幼学琼林》，而且要读下面的小字。这一本书全部读完，你们的国文就有扎实的基础了。我这不是规定或要求你们啊，大家应该自己努力。

——《廿一世纪初的前言后语》

《幼学琼林》这本书，前面我讲出版时，举过这本书的例子，这是我们小时候读的书，现在把它重印，我到海外一直带着，会背的。你看，同现在出版一样，有很好的木刻图案，原文是这样大的字，下面有小字注解。书里面什么东西都有，讲我们历代的文化祖宗，天文、地理、夫妇、兄弟、朋友，怎么写信，做人礼貌，父母死了怎么写墓碑……现在读这本书，假定没有好的老师讲，就不懂了。可是这书里头有注解，你可以自己好好研究。

譬如人家问候你的父亲，说"令尊"（你的爸爸）好不好？那么我的答复是，"家父还好"。二十年前，有一个同学告诉我，他说到内地问人家，"令尊好不好？"人家回答说，"我的令尊不错，你的家父也好吗？"这样的故事很多。再譬如我常常问人家："你的府上哪里？"他回答："我的府上福建。""府上"是尊敬语，这本书上面都有，你应该回答："不敢，我是小地方浙江。"人家尊称你，你谦虚一点。这不是虚伪、矫情，而是礼貌秩序，用敬语表示彼此尊重。礼节就是秩序。礼节的内在，就是要有心意的诚恳和恭敬。

我再告诉你们一个故事，与这本书和新闻出版有关联的。台湾蒋介石那个阶段，我们叫他叫惯了"校长""老头子"。有一天，他看见一个卫兵在"总统府"前面站岗，立正在那里。他看这个卫兵看熟了，有一天忽然高兴起来，问："嗨，你当了几年兵啊？"这个卫兵是宪兵，宪兵是军队里的警察，管兵的。他报告说做了几年了。

老头子再问:"你读过书没有?"

"没有。"

"你一天站几个钟头,累不累啊?"

"报告,我不累。"

老头子笑一笑,觉得这个年轻人蛮可爱的。第二天碰到他,给他一本书,"你站岗之余,把这本书统统背来。"虽然不大认识字,他还是把这一本《幼学琼林》统统研究背完。后来,他做到《联合报》的总编辑。《联合报》之所以出名,就是那个标题特别,他那个新闻的标题,都用典故来标,都是从这本书上出来的。

——《南怀瑾讲演录:2004—2006》

说到古文,大家说:怎么那么难读?其实不然,我记得我只花了半年时间,已经把它弄懂了,后来学外文也是从这个方法来。当然,我不喜欢外文,喜欢中文啦！只注重中文，特别喜欢！中文只要学一千多个字，最好是读一本《千字文》。

这个《千字文》，你们大家知道的，要会背。你不要看不起《千字文》哦！陈峰有一个亲戚，写了一本《千字文》的批注。我没有详细翻，我还很奖励他，是陈峰帮忙他，鼓励他写的。大家知道《千字文》的来源吗？是梁武帝的时候，一个叫周兴嗣的大臣写的。梁武帝是无锡常州一带的人，这个江苏常州这一带啊，历史上出了十几个皇帝了。

传说周兴嗣有一天犯了错误，梁武帝气得要杀他，可是实在是不忍心杀他。所以把他关起来，罚他一夜之间，用一千个不同的中国字，把中国文化的纲要，写一本书出来；拿我们现在讲叫"上纲"了啊！他就一夜之间，用一千个不同的中国字，把文化系统，由哲学、宗教、科学、人文、经济、政治，什么都包含进去了，写成了《千字文》。第二天，房门一打开，周兴嗣须眉一夜之间全白了。梁武帝一看《千字文》，服气了，说算了算了，不要杀你了，一切都照旧。《千字文》就是这样来的。

假定现在把《千字文》念懂了,再加上自己多用一些工夫认字,你读古书就很简单了。古书读会了,读中文其他什么政治、经济,那就看小说一样看了。我们当年读书的方法,习惯是这样来的,书是"读"的。所以我主张读书,今天给你们做一个贡献。

——《南怀瑾讲演录:2004—2006》

言语随着时代三十年一变,言语用白话记录下来,几千年后就不通了。我们中国人,每个人只要认得两千五百到三千个字,就不得了啦!写什么文章都够用了;中国字以《康熙字典》到现在为止,增加到也只不过四五万个字,但是我们平常用到的只有一两千字。把文字和语言脱离关系以后,就没有时间的距离,几千年以后的人,看几千年以前的书是一样的;只要花半年一年时间,受这个文字的训练就会了。

说到言语与文字统一的问题,我经常告诉来学中国文化的外国学生，不要走冤枉路，最便捷的方法是先读《三字经》《百家姓》《千家诗》《千字文》这四本书。能够花三个月时间，对中国文化就会有一个基本的了解。《三字经》已经简要地介绍中国文化，连历史、政治、文学乃至于做人做事等，都包括在内了。尤其是认识了《千字文》以后，对中国文化的概念基本就有了。虽然只有一千字，但哲学、政治、经济等等都说进去了，而且没有一个字重复。这本书的作者是梁武帝时代的大臣，名叫周兴嗣，因犯了错误，武帝罚他要他一日一夜写出一千个不同的字，并且要成一篇文章，结果他写成了《千字文》。开头是"天地玄黄，宇宙洪荒，日月盈昃，辰宿列张……"四字一句的韵文。不要以为《千字文》简单，它从宇宙天文一直说到做人做事，"寒来暑往，秋收冬藏……"等都是生活。现代人能讲好这本书的恐怕还不多。现在如果要我默写几千字，我还要慢慢去想，也会花上好几天呢！

另有一本书《增广昔时贤文》，是一种民间格言,从前算是课外读本,个个都会念,其中也是做人做事的道理,也有一些要不得的话,如"闭门推出窗前月,吩咐梅花自主张"等等,不过多数好的话都收进去了。中国自南北朝到清代,历史上经过好几次外族的进攻,为什么中华民族始终站得住?就是因为文化的力量,进攻的民族反被我们的文化同化了。有个哈佛大学的教授来问我,说世界上许多国家亡了就亡了,永远起不来了,只有中国经过了好多次的大亡国,都没有垮,永远站得起来,是什么原因?我回答说,关键在"统一"这两个字,就是思想、文化、文字的统一。现在的欧洲就像我们春秋战国时代,交通不统一,经济不统一,言语也不统一。其实中国现在言语也都没有完全统一,福建、广东各省都有方言。但中国自秦汉统一后,全国文字已经统一了,甚至亚洲各国,如日本等,都使用了中国文字。

再说我们大家讲白话文,过去《水浒传》《红楼梦》这些白话文,你们青年现在看起来都变成古文了,都看不懂,连《红楼梦》都很少懂。我们过去对

《红楼梦》白话文，像我们这一辈的人，有许多人都背得来；现在你们觉得背这个很无聊、说里头有些话不通，看不懂，用白话写就有这个毛病。

——《庄子諵譁》

依我的经验，你们最好买一本《说文解字》来看；再把《康熙字典》开头多看几遍，看每一个字下面是怎么解释的。不过要买古本的《康熙字典》，上面还有篆字的，以后连篆字怎么写法你也知道了。这样一研究下来，你就全懂了，能够把每个字研究清楚就已经差不多了。这是一个捷路，不过捷路也是很难走的啊！因为大家都没有根啊！

——《易经系传别讲》

你们研究国学，要非常注重汉学，对文字学要研究清楚。汉代就有《说文解字》。再譬如，我说对中国文化的贡献清朝最大。满族入关，为了文字，康熙时编了一部《康熙字典》，把全国文字都编进去了。你们学国文，千万不要离开《康熙字典》，你翻开看看。《康熙字典》你们大概也不会查，里头一共四万七千多个字。我们中国人真正常用的文字，几千年来，只有一两千个字。如果你们诸位能够默写，不要任何书本，都记得起来，自己一个人写得出来一千个不同的中国字，你的学问不得了了！康熙、雍正、乾隆，给中国文化贡献很大很大，太大了！例如《古今图书集成》《四库全书》等，《康熙字典》属于其中一个贡献。你看里面有注"唐韵"的，是代表唐朝读什么音韵。现在用广东话、客家话来读是唐韵，广东话、客家话是唐朝的国语。福建话是五代到宋代的国语。还有注"集韵"的，是当时普通话读什么音，"广韵"是当时广东南方的读音，它都有。

——《漫谈中国文化》

刚才讲到传统文化的教育，再给大家提一点，譬如《三字经》《千字文》，你叫他背书，不是会背就算数。我的经验，还是照旧的方法，背完了默写。可以买毛笔给他默写，一方面认识繁体字，另一方面书法也练习了，三样合在一起做，时间只花一次，其实都会了。毛笔字练好以后，钢笔字、圆珠笔字自然漂亮。要用繁体，你们自己买《康熙字典》或者《辞海》，好像有两个老师在旁边，两本就够了，来翻、来念，你自己也跟着很快进步了。没有别的方法，我这个方法是旧方法，非常快的。照新的办法是很难，光背还不行，要默写。

另外，叫他们背诗，背什么诗呢？重要的都有编出来，比如《笠翁对韵》，要多唱念，然后告诉他们怎么作对子，"天对地，雨对风，大陆对长空，山花对海树，赤日对苍穹"，这样把一本书唱歌一样念下来，一边默写一边背，很轻松。这样唱起来念诵，将来还可以培养出作词家、作曲家，作出好听的文学词曲艺术。

还有要用珠算、笔算教算数，不是数学哦！算数跟数学有差别的，初步的加减乘除这个是算数，数学就高一点了，三角、几何、微积分啊，那个叫数学。你把初步的算数背来，背什么呢？先背九九乘法表，都是老的，九九乘法表背会了，加减乘除也会了。我们这里有一位老师会教珠心算的。这个会了以后数学很容易上去了。

讲英语，暂时先不管英文文法，把普通的英语先认得，会讲会写，这个会很快。

——《廿一世纪初的前言后语》

不要迷信英文，
赶快学中文

照目前的状况，如果缺乏远见，我敢说，二三十年后，我们国家民族，会感觉到问题非常严重。因为文化思想越来越没人理会，越来越低落了。大家只顾到现实，对后一代的教育，只希望他们将来在社会有前途，能赚更多的钱，都向商业、工程、医药这些方向去挤。如物理、化学等理论科学都走下坡了，学数学的人已经惨得很。

放大点说，这不仅是中国的问题，全世界文化都如此没落。二三十年后，文化衰落下去，那时就感到问题严重。在座的青年朋友还来得及，努力一下，十年、二十年的工夫用下去，到你们白发苍苍的时候，再出来振兴中国文化,绝对可以赶上时髦。

——《论语别裁》

几十年前我就说过了,从我开始,中国文化要输出,向外传出去。至少你们有机会在这里碰到,有些外国的著名学者,都来这边找我,这是文化的出口耶!

过去我们中国人崇洋媚外,对外国文化崇拜得不得了;你们现在也一样,也都想要孩子们出国念书。可是你看这一批外国有名的老科学家、学者却来找我,实际上他们是来找我们的中国文化,想带回去融入西方,挽救人类社会。你们这次刚好碰上几位,在这里是常有的事。我说这些话的用意,是说中国人要自强,自己的文化断根了,要怎么去建立,这个题目太大了。

——《廿一世纪初的前言后语》

像我推广中国文化这几十年,悄悄地推广,影响到全国乃至外国,美国还有资料反馈回来。这个编辑的课本，推广到外国去，外国人也有背我们中国书的，背了得什么好处呢？英文、法文都不行，一背中国书，写中国字，老年痴呆没有了。他说奇怪。这是他们传来给我的资料，虽然只有一两个，不多啦，但是有道理。

你们大家把我这个没有用的老头子，"白头宫女"叫作南老师，你查我的书上，我三十几年前在国民党的"中央"党部讲的，批评他们，批评国民党，我说你们搞的，把中国文化也搞坏了。我说今后中国文化要开始发展，未来的时代中国文化、文字变成世界上通用的第二种语言，一定会实现。也许英文还慢慢会衰退。这个话我现在再提一次，也许我死了，将来不准了，有人把我从棺材里拖出来；不过我要烧成灰，让你们找不到，呵呵，免得被拉出来鞭尸了。

第二，我也告诉外国朋友们，我说四十年前，如果一个年轻人不懂英文，在这个世界上走不通。四五十年以后，不管你白种人黄种人，不懂中文你就吃不开了。我这一段话当时讲，大家只好笑，因为知道我是很顽强的、对于中国文化很固执的一个人。可是我一边讲，自己也在笑，你们听吧！记住啊！呵呵。

——《*漫谈中国文化*》

融通

我们的固有文化,在和西洋文化互相冲突后,由冲突而交流,由交流而互相融化,继之而来的一定是另一番照耀世界的新气象。

要做"君子儒"，
莫为"小人儒"

学问之道

> 子曰：学而时习之，不亦说乎？——《论语》

学问之道，在于造就一个人之所以为人，以及人要如何立身处世的道理。至于知识和文学等等，只是整个学问中的一部分，并非学问的最高目的。立身就是自立，处世就是立人，因此为学的精神，要做到随时随地，在事事物物上体认。洞明世事，练达人情，无一而非学问，遂使道理日渐透彻，兴趣日渐浓厚，由好之者而变为乐之者，才是学而"时"习之到达了"悦"的程度。倘是只为求知识文学而学问，事实上有时反而觉得很苦，哪里还会悦得起来呢！只有在学问上随时有会于心者，才能心胸开豁，无往而不悦的。一定要有这种见解，才不会把这句话变成教条，才能领略到，这一句的确是为学的至理名言了。

——《孔子和他的弟子们》

"学而时习之"，重点在时间的"时"，见习的"习"。首先要注意，孔子的全部著述讲过了，孔子的全部思想了解了，就知道什么叫作"学问"。普通一般的说法，"读书就是学问"，错了。学问在儒家的思想上，不是文学。这个解说在本篇里就有。学问不是文学，文章好是这个人的文学好；知识渊博，是这个人的知识渊博；至于学问，哪怕不认识一个字，也可能有学问——做人好，做事对，绝对的好，绝对的对，这就是学问。这不是我个人别出心裁的解释，我们把整部《论语》研究完了，就知道孔子讲究做人做事，如何完成做一个人。

讲到做人，我们就想到庄子也提到过这件事，《庄子》这本书把有道的人叫"真人"。唐宋以后，对神仙、得了道的人叫"真人"。譬如现在指南宫供奉的吕纯阳叫"吕真人"。如今的人听到"真人"这个名称，就好像带有宗教色彩，相当于西方的上帝，中国的仙、佛一样。实际上过去道家所谓的"真人"，是指学问道德到了家的人。与这名词对称的叫假人，假人还是人，不过没有达到做人道德的最高标准。发挥了"人"的最高成就，在道家就称之为"真人"，孔子认为这就是学，就是学而之人。于是一个"学"字，这么多观念都被他包括了。

那么学问从哪里来呢？学问不是文字，也不是知识，学问是从人生经验上来，做人做事上去体会的。这个修养不只是在书本上念，随时随地的生活都是我们的书本，都是我们的教育。所以孔子在下面说"观过而知仁"，我们看见人家犯了错误，自己便反省，我不要犯这个错误，这就是"学问"，"学问"就是这个道理，所以他这个研究方法，随时随地要有思想，随时随地要见习，随时随地要有体验，随时随地要能够反省，就是学问。开始做反省时也不容易，但慢慢有了进步，自有会心的兴趣，就会"不亦说乎"而高兴了。我们平日也有这个经验，比如看到朋友做一件事，我们劝他："不可以做呀！老兄！一定出毛病。"他不听，你心里当然很难过，最后证明下来，果然你说得对，你固然替他惋惜，对于自己认识的道理，也会更进一层得到会心的微笑——"说"，不是哈哈大笑。悦者，会心的微笑，有得于心。

上面第一点所讲的是学问的宗旨，随时注重"时"和"习"，要随时随地学习，不是我们今天来读四书就叫作学问，不念四书就不叫作学问，这不是它的本意。

——《论语别裁》

学问之道无他，求其放心而已矣。——《孟子》

什么叫作学问？我在《论语别裁》中首先提出来，大家不要搞错了，以为知识就是学问，事实上学问并不是知识，知识最多只能算是学问中的一部分。我看大学毕业的人，硕士也好，博士也好，只是专业训练的一种学位而已，只表示已具有了某项专门知识，但并不见得就有了学问。

文章写得好，只是文学好；诗作得好也只是诗好；绘画好也只是绘画艺术好，不算是学问。一字不识的人，他做人做得对，做事做得对，这就是真学问。

学学问问，问问学学，如孔子在《论语》中说的：学问以人格行为为基础。所以中国几千年来的教育，古今有一共同目的，就是养成完美的人格，以人格教育为第一，这才是学问的道理。所以孟子也在这里说明，不在书读得好不好。

年轻人或者要以这个道理，似是而非地当作借口，不去读书，说是在做学问，所以功课不好。这是强辞夺理，在学校求学的学龄中，没有好好去读书，就是做人做事没有做对，就是没有达到人格行为的标准，又怎么会是在做学问？

学问没有别的，"求其放心而已矣"。每天知道修行，找回自己的心，放在平旦之气中，此心永远清明，养成永远高洁的气质，这是中国学问的精华，也就是孟子所说的"学问之道"的精华。

——《孟子旁通》（下·告子篇）

君子儒与小人儒

> 子谓子夏曰：女为君子儒，无为小人儒。——《论语》

先谈什么叫"儒"？这个中国字，根据《说文解字》的另一种解释："儒"是人类社会所需要的人，所以在"人"字旁边加一个需要的"需"字，便成了儒。我们再看"佛"——"弗人"，不是人，是超人。"仙"——"山人"，有如高山流水。"需人"则是人类需要他，社会当中不可缺少的人，这就是"儒者"。

我们都称孔孟思想为儒家学说，但是究竟要什么样子才能叫"儒"呢？孔子在这里提出来分为两种：一种叫君子之儒，一种叫小人之儒。如果再进一步参考《礼记》中的《儒行》篇，便有很多儒者类型的标准。一个儒者应当有怎样的作为，他的作风以及人格的规范，在《儒行》篇中，说得很清楚，也包括孔子在这里所提两种儒者之一的君子之儒行。

我们现在来说，什么叫小人儒？书读得很好，文章写得很好，学理也讲得很好。但除了读书以外，把天下国家交给他，就出大问题，这就是所谓书呆子，小人儒。所以处理国家天下大事，不但要才德学三者兼备，还要有真正的社会体验，如果毫无经验，只懂得书本上那一套，拿出来是行不通的；不知道天下事的现实情状就行不通。比如说，这两天美国总统到了中东，他在那里讲些什么？知不知道？如果说报纸上有新闻；报纸上登的，和原有的真话，不知相差多远。根据报纸你就可以评论天下事，这是书呆子之见。君子之儒有什么不同？就是人情练达，深通世故。

——《论语别裁》

《红楼梦》的主角贾宝玉，这个活宝，不大肯读书，他的父亲在他书房里挂了一副对子："世事洞明皆学问，人情练达即文章。"实际上这两句话，一个人一辈子的修养如果能够做到的话，就是非常成功了。

世事都很洞明，都看得很透彻，这是真学问；练达就是锻炼过，经验很多，所以对于人情世故很通达，这是大文章。本来这一副对子，是人生哲学的最高名言，可是我们这位少爷贾宝玉，最讨厌这一副对子，也就是道家庄子的这个思想。真洞明，真练达了，就会由极高明而到达平凡。

——《庄子諵譁》

吾少也贱，故多能鄙事。——《论语》

这一点要特别注意，由此我们回过来看东西两方面的文化，人类的历史中凡是成大功、立大业、做大事的人，都是从艰苦中站起来的。而自艰苦中站出来的人，才懂得世故人情。所以对一个人的成就来说，有时候年轻时多吃一点苦头，多受一点曲折艰难，是件好事。我经常感觉这二十多年在台湾长大的这些青年们，大学毕业了，乃至研究所也毕业了，这二十多年中，从幼稚园一直到研究所，连一步路都不要走。在这么好的环境中长大，学位是拿到了，但因为太幸福了，人就完蛋了，除了能念些书，又能够做些什么呢？人情世故不懂。真正要成大功、立大业、做大事的人，一定要有丰富的人生经验。老实说，我们这老一代，比他们都行。为什么？我们经历过这一时代的大乱，今日的年轻人看都没有看到过。逃难、饿饭、国破家亡的痛苦，更没有经历过；也许说在电影上看过，但那是坐在冷气里的沙发上看的。学问是要体验来的。所以孔子的这句话，要特别注意。

——《论语别裁》

孔子十二岁成孤儿,就要管一家人的生活,所以人生各种经验都经历过,放牛、放马、放羊、收账、收税,他都干过。"鄙事"是最低贱的事,其实是最高的学问。所以这个人生啊,能够多做鄙事是一种好的磨炼。现在我常说,我们这一代在台湾长大的青年太享受了,理想很高,万事不会,米面怎么来的也几乎不知道了,这个是很危险的事,所以人生要多历练才行。

——《列子臆说》

人看书时容易将好的比成自己,看《三国演义》,每把自己比成诸葛亮,绝对不自比曹操,读经书也是一样。但书中的道理是否能进入自己的心中,成为自己的精神,落实于自己的行为上,这就是真学问了。这也是大家尤其是青年朋友们要注意的地方。读书时,对书中的道理懂了,可是当实际的状况临身时,能不能依道理做到,这才是最重要的。所以读书做学问的目的在此，不在于认识字，也不在于解释文字。

我曾经告诉一些听讲的青年朋友，我这里不是学校，来这里混是不行的，我并不欢迎，我没有精神跟大家做游戏；如以在一般学校混文凭的态度而来，则大可不必费这个精神。对于书上的文字解释得出来，懂得书上所说的道理，那只是知识，不是学问；真正的学问，是将所懂的道理变成自己的精神、思想、行为，而且能实行、做得到，这才是真正的学问。知识处处都有，学问却要自己去做出来。

像孟子这段文字，人人看了都会叫好，可是叫好归叫好，必须事到临头照这个道理去做才行。所以须得把这个道理会之于心，用以做人、做事，才算是读通了，才算有学问，才算是成功了。成功不一定是升官发财，并不是公司开得大，那与一个人完成学问无关。只有完成了自我教育，拯救了自己，才是真正的成功。

——《孟子旁通》（下·离娄篇）

读万卷书，行万里路，交万个友

> 子曰：诵《诗》三百，授之以政，不达；使于四方，不能专对；虽多，亦奚以为？——《论语》

孔子说，学识的修养基本，要先读诗。并不是要政治家成为一个诗人，因为春秋战国以上的文化思想，直到孔子删诗书、定礼乐时代的《诗经》，可以说是包括了一切知识的通才之学，所谓虫鱼鸟兽的名称，以及人情风土的知识，由诗的内涵中都可以了解。培养一个政治人才，必须先使他有充分学识，成为通才，样样都会。

在古代知识范围，比现在简单。读诗读得好，学识渊博，不一定做事做得好。所以读诗以后，要授之以政，给予经验了。如果所学与行政配合不起来，不能得心应手，不能通情达理，那就要外放出去，使于四方，各处去多经验、多历练。

这就和后来司马迁"读万卷书，行万里路"的道理一样，经验不够，就使于四方，到处去增加人生的经历，然后再回来考察他，如果处理事情还是不能专精、深入，那么再培养、训练也没有用。这种人才，只能成为书呆子。

从唐代以后，多半是打入翰林院。明清两代，进士出身进翰林院的很多，进了翰林院，就是进入研究院去研究研究，有很高的名望，很高的待遇，可是难得外放做官。

在过去有许多人一辈子都待在翰林院里，如果经翰林院出身，而能再从事地方行政的，我们从清朝两百多年的史实来看，多半成为双料大员，纵不能成为国家了不起的能臣，至少也不太错。看看清朝翰林院的制度，是非常妙的，仅仅书读得好的人，就只好翰他一笔在此林中了。所以孔子说，书读好了的人，从政经验不够，就派他到外面多经历人情世故。回来还不能深入，就不是从政的大才，书读得再多也没有用。由此可见人的才具与学识，不一定能够完全配合得起来。

老子说:"为学日益,为道日损,损之又损,以至于无为。"什么是学?普通的知识,一天天累积起来,每天知识累积增加起来就是学。为道呢?是损,要丢掉,到最后连丢掉都要丢掉,到了空灵自在的境界。这还不够,连空灵自在都要丢掉。最后到了无,真正人性的本源就自然发现了。孔子这里就是说,不要以为我的学问是"益",一点点累积起来的知识,而是找到了这个"一",豁然贯通,什么都懂了。的的确确有"一"这么个东西。从我们的经验,知道读万卷书,行万里路,就是要增加人生的经验,其实这还是不够的,必须加一句交万个友,还要交一万个朋友,各色人等都接触了,这样学问就差不多了。由学问中再超脱、升华,可以达到本源自性的地步了。

——《论语别裁》

古人有两句诗很好:"原来名士真才少,偏是僧家俗气多。"有名的人,不见得真有学问,这就是

"原来名士真才少"。"偏是僧家俗气多"，本来出家人应该很高雅的，没有俗气，结果出家人变得俗气了。

刚才院长也提到，很多朋友看过我的书。所有的书，我到现在自己一概不承认。人家问我著书干什么？我说为了吃饭，卖稿费（众笑）。真正我要说的话，我要写的书，到现在还没有动手。因为这个八九十年当中，要写东西，真话不好说，假话不愿意说，所以就没有写真正的书了。至于现在写的书啊，都是为了吃饭的。

清朝有个名士叫龚定盦，他有一句话，"著书都为稻粱谋"，写文章是为了吃饭的。这是我对院长刚才这一番话，好像在法庭上为自己辩护。院长是原告，我是被告（众笑）。他把我说得太漂亮了，很多靠不住的，他是恭维我的。

我看了很多书，现代人的书我也看了很多，随时有好书都看。我常常告诉青年同学们一个人生的经验，我说有时候我愿意读那个人的书，但不愿意看到他这个人。因为我相信三句话，"读万卷书，行万里路",这是引用司马迁讲的话。我觉得司马迁的话还不够,依我的经验,还要加一句,交一万个朋友,各行各业很多朋友都要认识,那样才真正能够了解人生。

我发现有些人,看了他的书,觉得非常好,非认识这个人不可。一见到这个人啊,完了,心里就跳出来古人讲的四句话:"久闻大名,如雷贯耳,今日一见,不过如此。"(众笑)因为看了这个人心中感觉很难受,就很后悔去见面。有时候刚好相反,有些学者学问很好,愿意跟这个人做朋友,却不能读他的书,因为文章写得一塌糊涂。所以,两样配合不起来。刚才院长讲我的这一番话,现在说明了这些道理,大家就可以了解了。

——《南怀瑾讲演录:2004—2006》

君子"不是东西"?

子曰:君子不器。——《论语》

如照字面翻成白话就很好笑了——孔子说:"君子不是东西。"提到这个思想,我常说我们中国人实在了不起,各个懂得哲学,尤其骂人的时候更是如此。譬如说:"你是什么东西?"拿哲学来讲,我真不知道我是什么东西,因为人的生命究竟怎么回事,还搞不清楚嘛!所以真不知道我是什么东西。

但孔子这句话到底是什么意思呢?因为"为政"要通才,通才就要样样懂。"不器"就是并不成为某一个定型的人,一个为政的人,就要上下古今中外无所不通。从表面上看,一个很好的大政治家,好像一个很好的演员,演什么角色,就是什么角色。当演工友的时候，就是规规矩矩扫地倒茶，当演大官的时候，温温和和就是做官，干哪一行就是哪一行。"君子不器"这个学问，就是成为真正的通才，否则只有变成专才、专家。所以"君子不器"放在《为政》篇，就是说明为政在这方面的道理，换句话说："允文允武"，也便是"君子不器"的说明。

——《**论语别裁**》

一个人的学问器度，如果成为定型，那就像一件大材，已经雕刻成了一个物品，他的用处只是限定在那个特点了。所以学问修养大成的君子，他的器度，是无物可方，不是局限于某一定型的。可是这句话，只是说儒者的器识，并不是说儒者的品德。因为他的品德，就是君子之器，并非小人之器，器识包括学识和见地，所以是先德行而后器识。

——《**孔子和他的弟子们**》

姜太公的坐骑，叫作四不象，既不像老虎，又不像狮子，什么都不像，又什么都像，麒、麟、狮、象、豹各自的长处它都有。这又是哲学的意味，象征一个人的修养学问，要想做到四不象那样高明，是最难的，只有姜太公做到了。这也就是孔子说的"君子不器"，做什么就是什么。

——《孟子旁通》（下·告子篇）

我常常劝一些医生朋友学画，一个真正的名医，生活好可怜。我认为医生的太太都很伟大，医生几乎没有私生活的，一年三百六十五天，天天忙到晚，一天与上百病人接触，每个人都愁眉苦脸的，一直下去，自己都要病了，尤其精神科的医生为然。我对一位精神科的医生开玩笑说："你也差不多了。"

有一位荣民总医院的精神科医生说："你这话是对的。我当年做学生学这科时，那位教我们的老师，看起来就像精神病的样子。精神科医生病人看多了，自然就变成精神病似的。"有人说官僚气，我说这没有什么稀奇，官做久了就自然是那个样子，习惯了；医生就是医生气，见到朋友说人血压高了；商人一定市侩气。

这没有什么好奇怪的，这都是现代心理学上所说的职业病。某一行干久了，看人看事的观点，都惯于从这一角度出发。

——《论语别裁》

假如学者没有书生气，军人没有粗暴气，商人没有铜臭气，这是第一等人。

——《维摩诘的花雨满天》

儒家是粮食店，
道家是药店，
佛家是百货店

中国文化的三家合起来是一个，佛家叫作"明心见性"成佛；道家叫作"修心炼性"；儒家叫作"存心养性"。所有文化都是对生命的探讨，只是研究方向不同，表达方式不同而已。

——《小言黄帝内经与生命科学》

唐宋以后的中国文化，要讲儒、释、道三家，也就变成三个大店。

佛学像百货店，里面百货杂陈，样样俱全，有钱有时间，就可去逛逛。逛了买东西也可，不买东西也可，根本不去逛也可以，但是社会需要它。

道家则像药店，不生病可以不去，生了病则非去不可。生病就好比变乱时期，要想拨乱反正，就非研究道家不可。道家思想，包括了兵家、纵横家的思想，乃至天文、地理、医药等，无所不包，所以一个国家民族生病，非去这个药店不可。

儒家的孔孟思想则是粮食店，是天天要吃的，五四运动的时候，药店不打，百货店也不打，偏要把粮食店打倒。打倒了粮食店，我们中国人不吃饭，只吃洋面包，这是我们不习惯的，吃久了胃会出毛病，吃到后来，西方思想出现了。那些思想是西方来的，不是从我们中国文化思想中来的。那么它为什么会来？为什么会变成这一套？就先要深切了解中国文化历史的演变，不但要了解何以今天会如此，还要知道将来怎么办，这都是当前很重要的问题。

——**《论语别裁》**

我希望年轻同学们注意，中国文化在秦以前是儒、墨、道三家。儒家以孔子代表，墨家是墨子，到唐宋以后才是儒、释、道三家。老子、孔子、释迦牟尼，这三位都是我们的根本上师，根本的大老师，但是三家的文化各有偏重。佛家是从心理入手，达到形而上道。据我的知识范围所及，世界上任何宗教哲学没有跳过如来的手心的。当然我的知识并不一定对的。道家的思想偏重于从物理及生理入手，而进入形而上道。那么我们也可以说，讲物理、生理入手的修持方法，任何一家无法跳过道家的范围，跳不过太上老君的八卦炉。所以《西游记》里描写孙悟空进了太上老君的八卦炉，一身毛都烧光了，只好躲在炉角里不动，两个眼睛被熏得红红的变成火眼金睛了。儒家则偏重从伦理、人文、道德入手，而进入形而上道。

因此我常常告诉青年同学们，我们三位根本的老师，加上后来两位外国的，耶稣和穆罕默德，都是我们的老师，都不错，各有各的一套学问。他们五个人坐在一起，一定是很客气，彼此相互敬酒。可是他们的徒弟太差了，彼此打架。当然我不是五贯道，也不是三贯道，纯粹是公平的学术立场。所以我说今后的中国文化，要学儒家的品性，我们做人做事不能不学儒家的道理。儒家就等于佛家大乘菩萨道的律宗，讲究戒律，所以儒家非常注重行为。

除了学儒家的品性还要参佛家的理性，你要想明心见性，直接领悟成道，非走佛家的路线不可，否则不会有那么高，不会成就的。同时还要配合道家做工夫的法则，不管密宗、显教，都跳不出这个范围。但是道家的学问不止修道这一方面，中国历史有一个奥秘之处，每逢天下变乱的时候，出来救世，所谓拨乱反正的，一定都是道家的人物。等天下太平了，他们多半走老子的路线，功成身退，天之道也，隐姓埋名，什么都不要。等到盛平的时候，又都是儒家人物出面。

——《我说参同契》

蒋梦麟也已过世了,他曾着了一本《西潮》,西方文化思潮影响中国,你们同学应该找来看看。他对中西文化当然很内行,现在我要讲的还不是这个。我讲的是《西潮》出版后,蒋梦麟在晚年说:我是三家学术用一辈子。哪三家?"以儒家的学问做人,道家的学问处世,鬼家的精神办事。"我们当时听了,不禁要问,蒋先生啊,你说的鬼家是鬼谷子吗?他说不是的!我说的鬼家是学洋鬼子,以西方的逻辑来处理事情。所以,以儒家的学问做人,道家的学问处世,鬼家的办事方法,这是讲体用问题。这是我们今天这个题目大概的结论,虽是笑话式的,也有很深的意思,大家可以体会。

——《廿一世纪初的前言后语》

刚日读经，
柔日读史

我主张今日的青年，欲读古书、谈修养，必须经史合参，四书五经之外还要读史书。如果只读经不读史，就会迂阔得不能再迂；倘使只读史而不读经，那就根本读不懂历史。历史上这些事迹，给我们太多的经验和教训了。

——《孟子旁通》（下·离娄篇）

古人对中国历史研究的方法，有一句话叫"经史合参"。什么叫经呢？就是常道，就是永恒不变的大原则，在任何时代，任何地区，这个原则是不会变动的。但不是我们能规定它不准变动，而是它本身必然如此,所以称为"经"。而"史"是记载这个原则之下的时代的变动、社会的变迁。我们要懂得经,必须要懂得史。拿历史每个时代、每个社会来配合。这样研究经史,才有意义。

——《论语别裁》

我们昨天只提到从古代到春秋战国到汉代为止,汉以后呢?唐、宋、元、明、清每一朝代几百年,他的经济政策怎么样?财政金融政策怎么样发展?你不要看这是历史上的古人的事,如果你读懂了历史,拿现在来看呢,有时完全一样,只是版面不同、形态不同而已。所以我对一般研究学问有个建议,就是经史合参。必须要懂自己国家的历史,历史是人生的经验。四书五经等等,是哲学的重点。光是懂那些原理,不懂历史,不将人生、社会、国家整个的经验融合,那个学问是没有用的,那只是空洞的理论,讲得再好听,没有时间的经验来实证,是没有用的。

——《漫谈中国文化》

我们这次研究《孟子》，是采用"经史合参"的方法。所谓"经"，就是《孟子》七篇的本经。所谓"史"，就是指孟子所处的时代——如齐梁等国当时约略可知的史料。除了《孟子》本经之外，同时配合战国当时相关的历史资料，来说明孟子存心济世的精神所在。

过去我们在年轻的时候读《孟子》，往往觉得很枯燥乏味，只是为了传统的要求，作教条式的信仰，填鸭式的记诵，或多或少，总存着不是绝对信服的心理。如果把学力加上年龄，再加上对世事的经历和观察，慢慢到了年事老大，才会觉得孔孟之学在人道的立场上，的确是有它圣之为圣的道理。但学力加年龄加阅历，说来只是一句话，实际上却是一段漫长的路程，同时夹杂着许许多多的甘苦。所以我认为针对现代情况的需要，用经史合参的方法来认识孟子，也许有很多方便。

——《孟子旁通》（上·梁惠王篇）

经史合参的目的在哪里？就是司马迁的话，"究天人之际，通古今之变"。天，是宇宙物理世界；人，是人道。所以读历史不是只读故事，不是只知道兴衰成败，还要彻底懂得自然科学、哲学、宗教，通一切学问。"通古今之变"，你读了历史以后才知道过去、现在，知道未来的社会国家，知道自己的祖宗，知道自己的人生，知道以后你往哪个方向走。司马迁提出了孔子《春秋》的内涵，也就是"究天人之际，通古今之变"。

司马迁平生有"读万卷书，行万里路"的精神，他写《史记》的时候，也考察了各个地区的有关史料。不过我在这里再加上一句话，一个人要想成就自己的学问，除了"读万卷书，行万里路"，还要交一万个朋友，当然最好是交好朋友，交到坏朋友就麻烦了。

——《廿一世纪初的前言后语》

我素来主张"经史合参",要诸位对经史融会贯通,这样才能学以致用,否则光读经书,一天到晚抱着四书五经,人会变迁的,会变成呆头呆脑的。读经书,还必须配合历史,读历史同样必须配合经书。所以古人有所谓"刚日读经,柔日读史"的说法。年轻人一看这句话,头大了,什么"刚日""柔日"的。其实很简单,所谓"刚日"就是阳日,也就是单日;所谓"柔日"就是阴日,也就是双日。

但是在"刚日读经,柔日读史"这句话里,刚日、柔日的意思不是这么呆板的。所谓刚柔,代表抽象的观念,"刚日"就是指心气刚强的时候,这里看不惯、那里看不惯,满腹牢骚,情绪烦闷。这时候就要翻一下经书,看看陶冶性情的哲理,譬如孟子的养气啰,尽心啰。相反地,如果心绪低沉,打不起精神,万般无奈的时候,那就是柔日,就要翻阅历史,激发自己恢宏的志气。

——《孟子旁通》(中·公孙丑篇)

二十多年前在一个朋友家吃中饭，他家客厅挂了一副对子很正派，字也好，写的是"柔日读史，刚日读经"。朋友晓得好，就是解释不出来。其实柔日是阴日，不是指阴天，也不是指干支阴阳。所谓柔日，是一个人心里有烦恼，事情复杂解决不了，这时阴柔之气在心中，最好多读历史。读历史启发人的气魄，勇气眼光就起来了。刚日是精神特别好、思想特别清明的时候，要读经，读四书五经，读佛经，读基督教的《圣经》都可以。读经需要思想，哲学思想必须头脑精神够的时候去研究；精神不够的时候，看看《红楼梦》，看看什么彩虹蓝天那些小说也可以。如果你人不舒服，头脑昏昏的还来研究《参同契》，那只会睡着啦！当安眠药来用蛮好！所以刚柔就是代表阴阳，《易经》里的阴阳两个是物理代号，这个观念要懂得。

——**《我说参同契》**

大约二十多年前,在一个朋友家里吃饭。他客厅里挂了副对子说:"刚日读经,柔日读史。"大家看了都说这个字写得好呀!我说字写得是好,大家不好意思问什么叫刚日,什么叫柔日。刚就是阳,阳日谓之刚;阴日谓之柔。譬如我们今年甲子年,甲是木,子是水,那么我们今年是刚年呀还是柔年?是阳年还是阴年?简单地说是阳年。我们拿天干地支来研究,本来是阳中有阴,阴中有阳的。为什么说是阳年呢?因为今年是子年,子为鼠,老鼠有五个爪子,五代表阳(单数代表阳),所以说甲子年还是阳年,阳年就是刚年。碰到日子是子,是单数的,便是刚日,所以刚日读经,柔日读史,就是这个意思。这就是中国的文化啊!文学里边有哲学,今天我们这个思想,看到什么事情,社会呀,政治呀,各方面很不满意,我们感到很不平的时候,赶快读读书。读读《易经》呀!四书五经呀!心气就和平起来了。柔日读史,当心情很无聊,很沉闷,很想睡觉的时候,就可以看看历史,启发我们奋斗的勇气。所以说"刚日读经,柔日读史",

这是关于刚柔的道理。

——《易经系传别讲》

我十二岁一个人在山上庙子里读书，不是读《资治通鉴》，是读《纲鉴易知录》，一年两个月当中已经读了三遍，基础打稳了，所以对历史比较有兴趣也比较注意，而历史与文化是整体的。

我们现在研究历史，你们许多人在大学里也读历史，你问要看哪一个教授写的，我不加意见。有些人看中国经济史、中国教育史、中国文学史……我就笑了，看这些书等于钻牛角尖，没有全盘了解。因为这是一般读书人在读了历史以后，站在某个立场观点写的。真要写的话，我刚刚给你们讲的那些话，内容很多，已经有一百个博士论文的题目，又可著书变成学者了。

我们的历史，单讲正史，留下来的有二十五史，每一代的历史都有详细的记载。如果加上这一百年，成了二十六史了。清朝三百年的历史，到现在还没有真正写成啊！譬如你们现在研究司马光写的《资治通鉴》，我当年在台湾，有些文官武将在我家里听课，我住的地方一到晚上，门口两边都站满了宪兵。我鼓励他们读《资治通鉴》，但是司马光的《资治通鉴》只写到唐末五代为止，因他是宋朝人，他本朝的人都还活着，没有办法写。另有一部《续资治通鉴》，是清朝毕沅（号秋帆）作的，他是太仓人，乾隆时状元，学问非常好，曾做过河南巡抚、湖广总督，他邀请一班大学者，历时二十年，编了《续资治通鉴》，从宋朝以后继续写下来，很有见解。

为什么这一些大官都注重历史？不注重历史你就不懂政治，不懂经济，也不懂商业，这些学问经验历史上都有。有人问我，我们推翻清朝到现在是九十九年，再一年就一百年了，一百年以后你看中国的前途怎么样？我说要想了解现在这个时代，你去读历史，古书上说"观今宜鉴古，无古不成今"，想知道未来，要知道过去，不懂得历史你怎么晓得未来？更别谈想懂人类社会文化是怎么演变的。这是告诉大家历史的大要。

——《廿一世纪初的前言后语》

文史哲政，
浑然一体

中国人的文化是文哲不分，文化跟哲学不能分开，根本没有单独的哲学，不像西方人单独地分科。中国的文人，文章诗词里头太多的哲学了，文哲不分。同时，文史不分，一个哲学家应该懂历史，历史跟哲学、文学，三位一体，不分家的。再一个，文政不分，一个大政治家，又是哲学家、文学家。这是中国文化的特点。

——《漫谈中国文化》

中国史上，凡是一个大政治家，都是大诗人、大文学家，我常和同学们说，过去人家说我们中国没有哲学，现在知道中国不但有哲学，几乎没有人有资格去研究。因为我们是文哲不分，中国的文学家就是哲学家，哲学家就是文学家，要了解中国哲学思想，必须把中国五千年所有的书都读遍了。

西方的学问是专门的，心理学就是心理学，生理学就是生理学，过去中国人做学问要样样懂一点，中国书包括的内容这样多，哪一本没有哲学？哪一样不是哲学？尤其文学更要懂了，甚至样样要懂，才能谈哲学，中国哲学是如此难学。

譬如唐初有首诗，题名《春江花月夜》，有句说："江上何人初见月？江月何年初照人？"与西方人的先有鸡还是先有蛋的意思一样，但到了中国人的手里就高明了，在文字上有多美！所以你不在文学里找，就好像中国没有哲学，在中国文学作品中一看，哲学多得很，譬如苏东坡的词："明月几时有？把酒问青天，不知天上宫阙，今夕是何年？"不是哲学问题吗？宇宙哪里来的？上帝今天晚上吃西餐还是吃中餐？"不知天上宫阙，今夕是何年？"他问的这个问题,不是哲学问题吗?所以中国是文哲不分的。此其一。

文史不分:中国历史学家,都是大文学家,都是哲学家,所以司马迁著的《史记》里面的八书等等,到处是哲学,是集中国哲理之大成。此其二。

文政不分:大政治家都是大文豪,唐代的诗为什么那么好?因为唐太宗的诗太好了,他提倡的。明代的对联为什么开始发展起来?朱元璋的对联作得很不错,他尽管不读书,却喜欢作对联。有个故事,朱元璋过年的时候,从宫里出来,看见一家老百姓门前没有对子,叫人问问这家老百姓是干什么的,为什么门口没有对子。一问是阉猪的,不会作对联。于是朱元璋替他作了一副春联:"双手劈开生死路,一刀割断是非根。"很好!很切身份。唐太宗诗好,大臣都是大文学家,如房玄龄、虞世南、魏徵,每位的诗都很好。为什么他们没有文名?因为在历史上,他们的功业盖过了文学上的成就。如果他们穷酸一辈子,就变文人了,文人总带一点酒酿味,那些有功业的变成酿酒的了。像宋代的王安石，他的诗很好，但文名被他的功业盖过了。所以中国文史不分、文哲不分、文政不分，大的政治家都是大文学家。我们来一个老粗皇帝汉高祖，他也会来一个："大风起兮云飞扬，威加海内兮归故乡。"别人还作不出来呢！不到那个位置，说不定作成："台风来了吹掉瓦，雨漏下来我的妈！"所以大政治家一定要具备诗人的真挚情感。换句话说，如西方人所说，一个真正做事的人，要具备出世的精神——宗教家的精神。此其三。

——《论语别裁》

我经常说，研究中国思想史的，必须要懂诗词。我们中国文化同外国不同，我们是文哲不分，也就是诗词文章同哲学思想几乎分不开；文史不分，文学同史学也几乎分不开；再加一个观念就是文政不分，所以文学、哲学、历史、政治，都有关联，浑然一体，分不开的。

我们研究中国哲学思想史，如果不懂诗词的话，简直没有办法深入。一般那些读了诸子百家来写中国哲学思想史的，可以说只知道中国哲学思想三分之一的史的部分，而三分之二都还在诗词史学里头。因为中国读书人，作诗不像外国人；外国一个哲学家，一个诗人，都是专门的，是专业化。中国过去读书，第一次考的是童子试，就是考功名第一步，先作对联和诗，如果作不来的话，第一考已经考不取了，所以作诗是一个普通的事。当中国人说到某人是诗人时，就代表那个家伙很穷，穷而后工，人穷才有好诗作出来。外国的诗人可不一样了，观念是不同的。

——《孟子旁通》(下·离娄篇)

现代人为什么要读文学？

过去的知识分子，对艺术与文学这方面的修养非常重视。人生如果没有一点文学修养的境界，是很痛苦的。尤其是从事社会工作、政治工作的人，精神上相当寂寞……我发现中年以上，四五十岁的朋友们，有许多心情都很落寞，原因就是精神修养上有所缺乏。

自己内心没有一点中心修养，除了工作以外就没有人生，很可怜，所以学一种艺术也可以，自己要有自己精神方面的天地，这是很重要的。

——《**论语别裁**》

如今我年龄不小了，几十年来看了很多金融界的朋友，发现他们已经玩到进入精神失常的状态，自己的人生却没有目标、没有方向。所以我常常劝金融界的朋友，劝他们多学习文化。

什么叫文化？文化是空洞的名称，下不了定义的哦！譬如说我们常常提中国文化，请问中国文化是什么？有人说中国文化是儒家、道家，等等，我说你们都讲错了，文化是总体的，政治、经济、教育、社会、文学、艺术、军事，没有哪一样不包含在内，总体有个空洞的名称叫作文化。我说你不要拿大的来说，文化是什么？文化的基础在文学，这是基础啊！很基本的……

我劝大家学金融的要多学文学，最好每天抽时间学一点，少去应酬，听说现在北京应酬一餐可以吃到一万块，我们觉得很好笑，这种生活我们年轻时都经历过了，可是自己没有人生宗旨是很可怜的。

我们当年读书不像你们现在这样，从书本上硬记下来，记了没有用，没有进去。我们小时候是用朗诵的，虽然意思不完全懂，背下来以后一辈子忘不了，随便到哪个时候碰到哪件事，读过的那些东西就从里头翻滚出来。所以自己办公也有好处，一个人坐在书房，鼻子里就哼出来了，这个朗诵有方法的。我这是劝你们金融界的朋友最好接触一下文学，不要再钻研科学或哲学了，再搞思考，脑子会崩溃的，走文学的路子可以调整自己的感情。

刚才前面提过，现在的时代，大家对国际的情势、整个社会环境、个人的前途以及手边的事业等，都很茫然。世上众人追求的往往只有两个东西，一是权力，一是金钱，也就是古人讲的名利跟权势。你们现在玩弄金钱，又兼带一点权力，在政治上则是玩弄权力兼带金钱，都是这两样。权力和金钱，就是这两个东西困住了自己。

我们周立成先生要大家到这里来玩一天，找我这个老顽童开玩笑，我想大家要追寻的目标，就是中国文化中所讲的"性""情"，这是两个大题目。生命究竟哪里来？我们现在活着的这个思想情绪，究竟是由脑里头还是心里头来的？这个思想情绪如何去调整？

如何配合思想情绪,跟着时代社会的演变,做一番有贡献的事业?就是这些问题。

我今天提到,希望大家搞金融的回去多读书,最好学一点文学,文学中这一些诗词歌赋里头有很多指导人生方向的东西,太多太多了。可惜你们现在没有办法读书了,一天被工作及应酬塞满,尤其应酬比工作还累,这样下来自己一点时间都没有,等到想抽一点时间研究一下东西,那也同刘克庄一样,"饮酣鼻息如雷,谁信被闹钟吵醒了",时间又没有了。

——《廿一世纪初的前言后语》

你们诸位做银行业的,要学一个人的境界,宋代的朱敦儒。因为你们一讲银行界的,我就想到中国文学。一讲文学,我有一句话:文化的基础在文学,文学的基础在诗词。

中国的哲学、中国的政治、中国的经济都在这个里头,中国人的文化是文哲不分,文化跟哲学不能分开，根本没有单独的哲学，不像西方人单独地分科。中国的文人，文章诗词里头太多的哲学了，文哲不分。同时，文史不分，一个哲学家应该懂历史，历史跟哲学、文学，三位一体，不分家的。再一个，文政不分，一个大政治家，又是哲学家、文学家。这是中国文化的特点。

讲到个人修养，我看你们在这个好位子上，我劝大家拿空余的时间多读书，研究一下中国的问题，对中国未来做些什么贡献。不然的话，大家八个钟头上班，应酬两餐，吃饭喝酒，去了四个钟头，然后签签到，看看报，抽抽烟，聊聊天，完了。这样浪费一生！看到也在办公，实际非常糟蹋自己！不如多读书。我老一辈子的银行界的朋友，会作诗的蛮多的，我手边没有带，只好抽古人的，北宋朱敦儒的词。

我们看第一首，词牌是《鹧鸪天》：

我是清都山水郎，天教懒慢带疏狂。曾批给露支风敕，累奏留云借月章。　诗万首，酒千觞，几曾着眼看侯王。玉楼金阙慵归去，且插梅花醉洛阳。

这首词是他在西都作的，当时的"西都"就是洛阳。"我是清都山水郎"，"清都"，是天帝的宫殿，他说自己是为天帝管理山水的。这是比方，他是进士出身，做过大官的，这句表达他虽然做官，但是淡泊尘世，喜欢自然。"天教懒慢带疏狂"，很有气派，没把荣华富贵放在心上。他不是做不到官，故作狂态喔。"曾批给露支风敕"，这是说什么？露、风是帮忙草木庄稼生长的，代表他行使做官的职权，需要风的地方给风，需要雨的给雨。"累奏留云借月章"，常常上奏章，报告这个钱该发不该发，怎么调配周转。"留云"，报告玉皇大帝，现在的情况，需要把云停住了，不可以动。"借月"，有时候需要把月亮移过来。"诗万首，酒千觞"，他学问很好，也很豪迈。"几曾着眼看侯王"，因为自己是才子出身，官也做得大，可是没有把荣华富贵放在心上。"玉楼金阙慵归去，且插梅花醉洛阳"，这句讲他很潇洒。

融通　277

我劝你们诸位，有空多研究文学，对于人生，精神上舒服一点，免得天天跟圈圈打交道。说到天天跟圈圈打交道，也有个故事。我们小的时候，有些人出来外面做事，文盲，不会写信的，到街上去找那个摆摊子的代书写家信。结果那个代书也骗人。太太收到信打开一看，一张纸上都是圈圈，太太当然很着急，拿到街上请代书给看看。那个人说，这封信写得很好啊！"怎么好？"他说信的意思是：大圈圈是我，小圈圈是你，还有那数不尽的相思，一路相思圈到底！

我们再看第二首，词牌是《西江月》：

世事短如春梦，人情薄似秋云。不须计较苦劳心，万事原来有命。 幸遇三杯酒好，况逢一朵花新。片时欢笑且相亲，明日阴晴未定。

"世事短如春梦，人情薄似秋云。不须计较苦劳心，万事原来有命"，他把人生哲学看通了，这个不要解释了。古人读诗读词不是这样读，我们读书的时候是要唱出来读的，唱昆曲、唱京戏一样念。"幸遇三杯酒好，况逢一朵花新。片时欢笑且相亲，明日阴晴未定"，人生境界如此，你说明天、后天，人生究竟怎么样？谁也没有把握，"明日阴晴未定"！

第三首，也是《西江月》的词牌：

日日深杯酒满，朝朝小圃花开。自歌自舞自开怀，且喜无拘无碍。 青史几番春梦，红尘多少奇才。不须计较更安排，领取而今现在。

"日日深杯酒满，朝朝小圃花开。自歌自舞自开怀，且喜无拘无碍"，讲他享受恬淡自然，自娱自乐，乃至不做官的时候，退下来，享受人生这个境界。"青史几番春梦"，历史上每一朝，每一个人生，都如做一场梦一样。"红尘多少奇才"，这个世界上能干的人很多啊。"不须计较更安排，领取而今现在"，他说你担心什么呀，世界上人才很多，自己退下来蛮好，什么成败得失，功名富贵，是非荣辱，都是春梦一场，当下就可以放下烦恼，豁达自在。

这个随便给你们做个参考，好玩的。最好多读书，把文学心情配搭人生，你们做银行工作太苦了，太闷了，这样来轻松一点。

哦，还有一首《念奴娇》：

老来可喜，是历遍人间，谙知物外；看透虚空，将恨海愁山，一时揆碎。免被花迷，不为酒困，到处惺惺地，饱来觅睡，睡起逢场作戏。 休说古往今来，乃翁心里，没计许多般事。也不修仙，不佞佛，不学栖栖孔子。懒共贤争，从教他笑，如此只如此。杂剧打了，戏衫脱与呆底。

他最后退下来了，不做官了。你看这首词的最后一行"如此只如此"，人生到了某一个景况，这样只好这样了！"杂剧打了，戏衫脱与呆底"，他不做官了，等于是你们银行总经理也不做了，这出戏我唱完了，把唱戏穿的这个袍子留下来，给后面这个傻瓜去,我不干了。"杂剧打了",我这个戏演完了,辞职了。"戏衫脱",戏唱完了。"呆底",那个傻瓜,这是开玩笑的话,把唱戏的衣服留给后面的家伙穿吧。

——《*漫谈中国文化*》

功课可以马虎，
小说不可不看

历史上说的多是假话，只有人名、地点是真的，内容却不一定是真的。但是小说呢？正好相反！小说说的都是真话，可是那个人名、地点都是假的；那个事情好像也是假的，可是人类的确发生过那样的事。

所以我是主张看小说的，而且我认为一个不读小说的人，恐怕也是一个永远不懂人情世故的人。

我们小时候读书，一方面读很古老的古书，一方面也偷偷摸摸读小说。像我们小时候读小说，是摆在抽屉里的，《易经》是摆在桌子上面的。父亲坐在后边，两眼瞪着。我们嘴里念的是"书不尽言，言不尽意"，眼睛看的是《红楼梦》呀，《三国演义》呀，等等。

读小说的确有好处,我是极力主张看小说的。很多家的小孩不准看小说,我的家里是小说教育,在家里功课可以马虎,小说不能不看。

不过孩子还没有成人之前,要看什么小说,要先问我,我看了才告诉他可不可以看。有些小说不是不可以看,是要等你年龄到了才能看。

——《易经系传别讲》

依照古礼,父亲不教自己的儿女;但是为了子女日后的立身处世,社会上有些坏事情是应该让儿女知道的。反观我们中国的父母们,有几个敢把社会上的坏事,或者某些人的丑事叫儿女了解?

从前我有一个朋友就很难得,对于烟、酒、嫖、赌等不良嗜好,都带儿女去看。可不是由自己带,而是转托朋友带他的儿女到这些场合去,好让他们认清楚什么是坏事,对自己有害无益的都不能做。这是教育的一种方法。

现在的年轻人真可怜！家长们拼命要他们读课本，不许看小说，结果读得一个个呆头呆脑，念到大学、研究所都毕业了，而对于人情世故一点都不懂。

所以我常常鼓励他们看小说，我对自己的孩子也是如此，我不喜欢他们读死书，有时候我带着他们看小说，武侠小说、传奇小说，无论什么小说都看。

不过他们自己找来的小说要告诉我一声，因为有一部分小说，如果还没有到一定年龄，则不必看，看早了，不见得有好处。小说看多了，会懂得做人，也会通晓人情世故。

小说上的那些人，差不多都是假的，而所描写的事情，却往往都是真的，在社会上就真的有那些事情。至于历史上那些人都是真的，但有些事情，你没有经验就无法了解；没有做过大官，就不知道大官的味道，那就只有看小说才能通晓。

——《孟子旁通》（下·离娄篇）

讲中国文化，不要老是认为儒家、道家就是中国文化，这都是乱讲。我说的，能够发挥抗战精神的是三部小说：《三国演义》《精忠岳传》《水浒传》，这是全国不管上、中、下都知道的中国文化。

民间的还有几部小说，有迷信色彩的《封神榜》《西游记》；另一部是讲知识分子的《儒林外史》。不过，学者们才是研究中国文化的，我不是学者，我是个跑江湖的。

事实上，一般人都是受这几部小说的影响，并不是儒家的大道理。

——**《历史的经验（增订本）》**

在中国文化政治哲学的传统道德中，过去的历史上，"君道与国共存亡，臣节尽忠死国事"，这是不易的原则。

自三代以后，春秋以下，无论君主政体与否，这个民族文化、民族教育的基本精神，是始终不变的。这种根基深厚的民族精神，当然，最具体而得力的，便是孔子著《春秋》以后的孔孟一脉的儒家学术思想。

而在宋、元以后，再根深蒂固地往下层扎下根基的，则归功于几部有关历史故事的小说，如《三国演义》《精忠岳传》等等，把固有文化道德仁义的精神，如重然诺、守信义的义气风范，融会在国民生活的每一环节，打入每一个人心，打入每一代子孙心坎深处。

——《孟子旁通》（上·梁惠王篇）

从文化的立场来说，学术思想为整个文化的中心，文学是文化的骨干。而包括在文学范围内的小说，又是人文思想和文学境界互相结合的前驱。如果从小说的立场来看历史，全部人类历史，就是一部大小说。

历史上的人名和地名，都是真的，但有许多事实，大多数已经走了样，甚之，完全变质。而小说中人名和地名，大多数是假托的，可是那些故事的内容，却几乎都是真的。只不过再经文人的手笔，加以渲染剪裁而已。

只有幻想小说，完全是虚无缥缈的无稽之谈。但是幻想也是人们心理行为的呈现，而反映出一个时代或某一地区、某一环境中的人们思想和情绪。而且它对于社会思想的向背和心理思想的正反，都有绝对的影响。

尽管有些自命为正人君子的读书人反对看小说，甚或嫉之如仇，但他的思想和情绪，在不知不觉中早已受到小说的影响。因为小说会自然地变成戏剧或民俗故事，往往在无形中影响了各阶层的心理。

——《新旧教育的变与惑》

有德无才难成事，
有才无德办坏事

才、德、学

一个能够成道的人，能够升华的人，或者要在这个世界做一番大事业的人，必须具备两个东西，就是全才与全德。全才已经很难了，再加上全德就更难；有才无德也不行，有德无才也不可以。有德无才可以修道，但不能入世；有才无德入世很危险，不但危险了自己，也危险了世界，所以要才德两全才能入世。

——《庄子諵譁》

> 子曰：如有周公之才之美，使骄且吝，其余不足观也已。——《论语》

以前政治上有个大秘密,历史上聪明的帝王,喜欢用贪而能者。即使明知其品德不大好而才高的,派出来做官,有时还睁只眼闭只眼,上面不大管,但这种人真能替国家社会做好事。

有的人非常廉洁,品格非常好,学问也好,可是笨得要死,不能做事。那就派到翰林院去,地位高高的,可是搞了半天,在那里喝西北风。

再举一个例子。宋太祖赵匡胤平定天下当了皇帝以后,有一个年轻时的同学赵普,他自己说没有读过多少书,后来当了宰相,自称以半部《论语》治天下。他抽屉里放的也是《论语》,有政治问题解决不了,就翻翻《论语》,好像现在信宗教的人查经一样。

宋太祖喜欢晚上穿了便衣到大臣的家中走走,因为以前与赵普的家人都认识,所以尤其喜欢到他家中。有一个冬天下大雪的晚上,赵普夫妻俩以为这样冷的天气,大概皇帝不会来,不料后来有人敲门,皇帝还是来了。这一下可把赵普夫妇吓坏了,因为当时南方还没有平定,当天下午进贡送来一批东西,他还没有向上报，赶快跪下来接驾，奏明原因。宋太祖安慰他说没有关系，公事明天早上再说。他仍在客厅转来转去。突然看见贡品中有一个大瓶子，上面写好送赵普的，宋太祖大感希奇，打开来看看，连赵普在内谁也没料到里面都是瓜子金。赵普夫妇吓死了，立刻又跪下来奏明实在还没有仔细看过，并不知道是黄金。宋太祖说："你身为一个宰相，别人不知道，以为天下事决定在你书生之手。外邦既要送你这么一点东西，算得了什么？你收了，照收不误！"不论宋太祖的动机是什么，都是了不起的。

但另外一个人曹彬，原来与赵匡胤是同僚，也是好朋友，他是五代时周朝的外戚。赵匡胤常常约他去喝酒，他却坚持不肯，始终中立不倚，守住岗位。后来赵匡胤当了皇帝，认为他人品好，和赵普一样重用。有人在赵匡胤面前打这人的小报告都打不进去，这就是赵匡胤识人于微的地方。

这些故事，就是说才德俱全的人，就是国家的大臣，是社会上了不起的人物。现在孔子也是说到才与德不能相配合的问题。中国文化经过周公整理集中起来，孔子不过继承他的道统。周公从事政治，做国家的首相，有名的"一沐三握发，一饭三吐哺"，就是他的典故。洗一次头，三次握起头发来；吃一餐饭，三次把饭吐出来，去接见客人，处理公事。一国的首相，内政、外交都要他办，所有来见他的人，又从不拒绝，是如此的忙。不只是忙，他对于下面的人，所有的事务，如此尽心，如此好的态度，这就是周公的才能与美德。如果真具有周公的才能与美德，但骄傲看不起人，悭吝得连同情包容都不肯付出，又舍不得花钱，舍不得帮忙别人，勉励别人，舍不得给人家一纸奖状的话，那也免谈了，他做出来的成绩，一定没有什么可看的了。这也就是说，一个人有了才能而且很努力，还要修养弘毅的胸襟，深厚的美德，要不骄不吝。不骄傲就是谦虚，不悭吝就是同情、包容和气魄。

——《**论语别裁**》

古代的贤才，包括了才、德、学三样具备，三者不能缺一。但有才不一定有德，聪明的人才高，但因为他聪明，什么人都见过，也许在言辞、态度上表现得很谦虚，实际上内心看不起人，所以在德的方面就大有缺欠了，品性就差了。有才又有德，才是第一等人，但是还要加上学，如果没有学问还是不行。有才德的人如果没有学问，等于树根缺乏肥料，无从长成巨木。所以古代的贤者，是具备了才、德、学三项德行的。

——《孟子旁通》(下·离娄篇)

学而不思则罔，思而不学则殆

> 子曰：学而不思则罔，思而不学则殆。——《论语》

这是我们前面讲到的，过去的历史，对于人才，有三个基本的原则，便是才、德、学。有些人的品德是天生的——品德往往大半出于天性——但没有才能。我们知道有品德的人，可以守成，教这种人到大后方坐镇，好得很；教他设法打开一个局面，冲出去，那他办不到，他没有这个才，他只有守成之才，没有开创之才。所以守成之才，偏重品德。而才德两个字很难兼全的，但有一个东西可以补救，那就是学，用学问来培养那所缺的一面。有些人虽然天生有才有德，但还是需要学问来培养的。

讲到学问，就需两件事，一是要学，一是要问。多向人家请教，多向人家学习，接受前人的经验，加以自己从经验中得来的，便是学问。但"学而不思则罔"，有些人有学问，可是没有智慧的思想，那么就是迂阔疏远，变成了不切实际的"罔"了，没有用处。如此可以做学者，像我们一样，教书，吹吹牛，不但学术界如此，别的圈子也是一样，有学识，但没有真思想，这就是不切实际的"罔"了。

相反地，有些人"思而不学则殆"。他们有思想，有天才，但没有经过学问的踏实锻炼，那也是非常危险的。许多人往往倚仗天才而胡作非为，自己误以为那便是创作，结果陷于自害害人。

尤其是目前的中国青年，身受古今中外思潮的交流、撞击，思想的彷徨与矛盾，情绪的郁闷与烦躁，充分显示出时代性的紊乱和不安，因此形成了青少年们的病态心理。而代表上一代的老辈子人物，悲叹穷庐，伤感"世风日下""人心不古"，大有日暮途穷，不可一日的忧虑。其实童稚无知，怀着一颗赤子之心，来到人间，宛如一张白纸，染之朱则赤，染之墨则墨，结果因为父母的主观观念——"望子成龙，望女成凤"，涂涂抹抹，使他们成了五光十色，烂污一片，不是把他们逼成了书呆子，就是把他们逼成太保，还不是真的太保。我经常说，真太保是创造历史的人才。所以老一辈人的思想，无论是做父母的，当教师的，或者当领导人的，都应该先要有一番自我教育才行。尤其是搞教育、领导文化思想的，更不能不清楚这个问题。

所以青少年教育的问题，首先要注意他们的幻想，因为幻想就是学问的基础。据我的研究，无论古今中外，每一个人学问、事业的基础，都是建立在少年时期的这一段，从少年时期的这一段，从少年的个性就可以看到中年老年的成果。一个人的一生，也只是把少年时期的理想加上学问的培养而已，到了中年的事业就是少年理想的发挥，晚年就回忆自己中少年那一段的成果。所以我说历史文化，无论中外，永远年轻，永远只有三十岁，没有五千年，为什么呢？人的聪明智慧都在四十岁以前发挥，就是从科学方面也可以看到，四十岁以后，就难得有新的发明，每个人的成就都在十几岁到二三十岁这个阶段，人类在这一段时间的成果，累积起来，就变成文化历史。人类的脑子长到完全成熟的时候，正在五六十岁，可是他大半像苹果一样，就此落地了。所以人类智慧永远在这三四十岁的阶段做接力赛，永远以二三十年的经验接下去，结果上下五千年历史，只有二三十年的经验而已。所以人类基本问题没有解决。先有鸡还是先有蛋？宇宙从哪里来的？人生究竟如何？还是没有绝对的答案。因此，有了思想，还要力学。上面所说，有了学问而没有思想则"罔"，没有用处；相反地，有了思想就要学问来培养，如青少年们，天才奔放，但不力学，就像美国有些青少年一样，由吸毒而裸奔，以后还不知道玩出什么花样。所以思想没有学问去培养，则"殆"，危险。

——《论语别裁》

> 子曰：吾尝终日不食，终日不寝，以思，无益，不如学也。——《论语》

孔子提供自己的经验，他说他自己曾经为了研究一个问题，因而整天不吃饭，整夜不睡觉，专门自己用思考去研究，结果发现没有用，不如去求知。因为需要知识配合思想，所以要多读书，多思想。

上论也提到过，思而不学也不对，学而不思也不对。一个有天才、有思想的人，首先要注意多读书、多求学。自己以为自己是天才，聪明了不起，如果多读书以后，自己就会变得非常谦虚了。常常我们自以为是一个大发现，多读了书以后，才知道古人早就讲过了、知道了，原来我们并没有超越古人，而且古人比我们所知道的还更多得多。譬如唯物思想，中国文化里早就有过，不过没有这么多，只一点点原则，经过研究，知道是不能成立的。还有西方很多东西，我们以前都有过，可是都没有加以发挥。现在年轻人搞思想，都想创作，可是就创造不了，所以知识与思想要配合起来。

——《论语别裁》

文与质

> 子曰：质胜文则野，文胜质则史。文质彬彬，然后君子。——《论语》

"质"是朴素的文质；"文"是人类自己加上去的许多经验、见解，累积起来的这些人文文化。但主要的还是人的本质。原始的人与文明的人，在本质上没有两样。饿了就要吃饭，冷了便要穿衣，不但人类本质如此，万物的本质也是一样。饮食男女，人兽并无不同。但本质必须加上文化的修养，才能离开野蛮的时代，走进文明社会的轨道。

所以孔子提出"质胜文则野"，完全顺着原始人的本质那样发展，文化浅薄，则流于落后、野蛮。"文胜质则史"，如果是文化进步的社会，文化知识掩饰了人的本质，好不好呢？孔子并没有认为这样就好，偏差了还是不对。文如胜过质，没有保持人的本质，"则史"。这个"史"，如果当作历史的史来看，就是太斯文、太酸了。我们要拿历史来对证：中外历史都是一样，一个国家太平了一百多年以后，国势一定渐渐衰弱，而艺术文化却特别发达。艺术文化特别发达的时代，也就是人类社会趋向衰落的时候。如罗马鼎盛时期，建筑、艺术、歌舞等随之渐渐发展，到了巅峰时期，国运即转衰微了。所以孔子说："文质彬彬，然后君子。"这两样要均衡地发展。后天文化的熏陶与人性本有的敦厚、原始的朴素气质互相均衡了，那才是君子之人。

整个国家文化如此,我们个人也是如此。所以我有时也不大欢喜读书太过用功的学生,这也许是我的不对。但我看到很多功课好的学生,戴了深度的近视眼镜,除了读书之外,一无用处。据我的发现是如此,也是我几十年的经验所知,至于对或不对,我还不敢下定论。可是社会上有才具的人,能干的人,将来对社会有贡献的人,并不一定在学校里就是书读得很好的人。所以功课好的学生,并不一定将来到社会上做事会有伟大的成就。前天在×大考一个研究生,拿硕士学位,很惭愧的,我忝为指导老师。还好最后以八十五分的高分通过了。这个孩子书读得非常好,但是我看他做事,一点也不行,连一个车子都叫不好。

书读得好的,一定能救国吗?能救国、救世的人,不一定书读得好。假定一个人书读得好,学问好,才具好,品德也好那才叫作文质彬彬,"然后君子",算是一个人才。所以我常劝家长们不要把子弟造就成书呆子,书呆子者无用之代名词也。试看清代中叶以来，中西文化交流以后，有几个第一名的状元是对国家有贡献的？再查查看历史上有几个第一名状元对国家有重大贡献的？宋朝有一个文天祥，唐朝有一个武进士出身的郭子仪。只有一两个比较有名的而已。近几十年大学第一名毕业的有多少人？对社会贡献在哪里？对国家贡献在哪里？一个人知识虽高，但才具不一定相当；而才具又不一定与品德相当。才具、学识、品德三者兼备，这就是孔子所讲的"文质彬彬，然后君子"，不但学校教育要注意，家庭教育也要对此多加注意。

——《**论语别裁**》

为什么需要"终身学习"?

子曰:学如不及,犹恐失之。——《论语》

孔子说真正为学问而学问,永远觉得自己还不充实,还要改进。这句话后来演变成曾国藩他们经常引用的:"学如逆水行舟,不进则退。"学问有个很简单的原则,停留下来,就是在时代潮流中退下去了。所以不是进步,就是退步,没有停留在中间的。这个观念就是从孔子这句话来的。"学如不及",求学问要随时感觉到不充实。以这样努力的精神,还怕原有的学问修养会退失。如果没有这样的心情,懂了一点就心满意足,结果就是退步。大家要特别注意。尤其中年以上的朋友,对这句话更需要反省。有时我们看到许多中年以上的朋友,学问事业成就了,往往自认为什么都对了。事实上如不再加努力,就要落伍被淘汰了。思想也好,学识也好,一切都要被时代所淘汰。假如有所成就,而始终好学不倦,这才叫学问,才不会被淘汰。我看到几位中年朋友,的确是值得佩服。家里藏书非常多。他们的年龄,都快到六十岁了,每天公事非常忙,夜间读书每每到两三点钟才睡。因此他们的学识、能力,不断在进步。所以这一点习惯一定要养成。依我个人的经验来说,读书的习惯养成了,要无书不读,甚至坏的一面也要懂,懂了不跟他走,那才是真本事。

——《**论语别裁**》

有许多人,小时了了,大时糊涂。尤其在教育界更看得到,有些年轻人非常好,眼看他慢慢变,变到最后不成器……

任何时代中，求急进的很多。急进成功了，居于位也，就得到这个位置。不过从历史上研究，全部二十五史，其中凡是少年得志的人，到了中年或晚年，都"其末之难矣"。最后结论是好的很少。

所以年轻人，多经过一番挫折、一番磨炼、一番努力，到了中年上来，晚年成就比较多。这成就并不一定是官做得大，财发得多，而是在历史、在人生有所交代的成就。历史上的先生大人们都是如此，这就是与前期的困苦奋斗有关。

年轻人容易有求急进的毛病，我们都有这个经验，年轻时都喜欢挤在老前辈前出头，而前辈说我们年轻人如何，就一肚子不高兴。到了中年以上，人家说我们是老先生，也很不高兴，想退回年轻，做不到了。

——**《论语别裁》**

我们今天讲文化，必须博古通今，科学日新月异，每天不断地进步，我有些去国外留学的学生，都是我的老师，他们一看到资料，马上写信，或者打电话告诉我，所以我天天在进步，你们有些人好像天天在睡觉。

——《列子臆说》

我们读了古书，再看到今天科学的发展，有智慧的中国人，应该更对古书深刻了解，可是我们反而认为自己的文化过时了。我们都是黄帝的子孙，太对不起祖宗，太笨了，书也没有读通，这是值得省思研究的。我这几句话，对不起，没有在骂人，只有四个字，"语重心长"。话讲得很严重，意思是提高我们自己民族的智慧与学养。要多注意，今古都要通，所以做学问只有四个字，不管你学医啊、学科技，就是要"博古通今"。知道古代，也知道现代，更知道将来，这才叫作学问。

——《小言黄帝内经与生命科学》

中西文化的融会贯通

现在这一代青年做学问很难,不但要知道自己中国文化传统的根——过去,也要知道现在社会的新学问,不但是国内的事,国外的事也要清楚,古今中外都要了解。

——《论语别裁》

今天我们过分迷信科学的万能,以为自己可以超迈古人,而任意推翻传统,杜塞了几千年来,无数圣哲们替我们开发出来的教化源泉。譬如中国,由尧、舜、禹、汤、文、武、周公、孔子等所揭发的诚意、正心、修身、齐家、治国、平天下的思想;印度由七佛、释迦牟尼(S'ākyamuni)、龙树(Nāgārjuna)、马鸣（As'vāghosa）、无著（Asanga）、天亲（Vasubandhu）等所开展的救世救人的大乘；西方由苏格拉底（Socrates）、柏拉图（Plato）、亚里士多德（Aristotle）、奥古斯丁（Augustine）、马丁·路德（Martin Luther）、康德（Kant）等所发挥的人文和宗教的求真求善精神。在这三大文化系统内所蕴积的无尽宝藏，我们都没有好好开拓、整理，发挥它们的精华，来充实我们的精神生命。西方文化在科学方面，虽然登陆月球，迈入了太空，而在人文文化方面，却等于留级而退学。都由于东西双方文化，不从根本处针砭，只求表面的妥协，非但不能达成人类世界的永久和平，反而徒增紊乱。

生在"前不见古人，后不见来者"的今天，我们将何以自处？我们虽失望，但不能绝望，因为要靠我们这一代，才能使古人长存，使来者继起。为了想挑起这承先启后的大梁，我们一方面要复兴东西方固有文化的精华，互相截长补短，作为今天的精神食粮；一方面更应谋东西方文化的交流与融会，以期消弭迫在眉睫的人类文化大劫。

——《中国文化泛言（增订本）》

温故而知新，现在要谈中西文化的融会贯通，虽然时移势易，加上现代科学工具的发达，但无论如何，也不是在短时期内，或一个世纪中便可望其成就的，所以我们生在这一时期的知识青年，对于当前中国文化的趋势，与自身所负国家民族历史文化的责任，更须有所警惕而加倍努力。

——《禅宗与道家》

我跟诸位生长的时代不同，所以看法有差别，思想有差别，教育有差别，文化也有差别。这个时代的差别，一个老头子希望大家要认识自己的文化，又要与西方科技文化配合，才能了解如何能得到修养。有修养要干什么？四个字，"安身立命"，身心能平安，看通一切，看明白一切，安身立命。

——《廿一世纪初的前言后语》

　　大家研究国学，研究中国文化很好，但是要非常注意时代，留意西方文化的发展，哪怕你不学外文，英文、法文不懂没有关系，多看人家翻译的书。如果不懂得时代的发展，光讲自己中国有五千年文化，五千年文化算什么？不过是个死老头，那就没意思了。

　　中国文化素来是开放的，兼收并蓄的，讲究海纳百川，有容乃大，所以要东西方文化并重研究，吸取古今中外精华，为我所用，适应时代变化，甚至引导未来的人类文化。《易经》的基本道理，就包括简易、变易、交易、通变。

　　刚才我们最后提到，大家要注意学一下陈同甫的志向，这位先生是南宋时的学者，是金华永康学派的代表人物，有大见解，非常了不起。我们今天做学问，要注意他的话，要有"推倒一世之智勇，开拓万古之心胸"。诸位做官的也好,做企业的也好,做学问的也好,应该有这么一个气魄,这是我们今天要走的路。

——《漫谈中国文化》

在这个大时代里,一切都在变,变动之中,自然乱象纷陈。变乱使凡百俱废,因之,事事都须从头整理。专就文化而言,整理固有文化,以配合新时代的要求,实在是一件很重要的事情。那是任重而道远的,要能耐得凄凉,甘于寂寞,在默默无闻中,散播无形的种子。耕耘不问收获,成功不必在我。必须有香象渡河、截流而过的精神,不辞艰苦地做去。

历史文化,是我们最好的宝镜,观今鉴古,可以使我们在艰苦的岁月中,增加坚毅的信心。试追溯我们的历史,就可以发现每次大变乱中,都吸收了外来的文化,融合之后,又有一种新的光芒产生。

我们如果将历来变乱时代加以划分,共有春秋战国、南北朝、五代、金元、清朝等几次文化政治上的大变动,其间如南北朝,为佛教文化输入的阶段,在我们文化思想上,经过一段较长时期的融化以后,便产生盛唐一代的灿烂光明。五代与金元时期,在文化上,虽然没有南北朝时代那样大的变动,但欧亚文化交流的迹象却历历可寻。而且中国文化传播给西方者较西方影响及于中国者为多。

自清末至今百余年间,西洋文化随武力而东来,激起我们文化政治上的一连串的变革,启发我们实验实践的欲望。科学一马当先,几乎有一种趋势,将使宗教与哲学,文学与艺术,都成为它的附庸。这乃是必然的现象。

我们的固有文化,在和西洋文化互相冲突后,由冲突而交流,由交流而互相融化,继之而来的一定是另一番照耀世界的新气象。目前的一切现象,乃是变化中的过程,而不是定局。但是在这股冲荡的急流中,我们既不应随波逐流,更不要畏惧趑趄。必须认清方向,把稳船舵。此时此地,应该各安本位,无论在边缘或在核心,只有勤慎明敏地各尽所能,做些整理介绍的工作。

——《*楞严大义今释*》

策略

什么是功夫？方法加上时间，加上实验，就等于功夫。

碎片化时间，
如何学习？

有一点特别要注意，天下有许多事情，虽然力量很弱，但是加上时间就会变强。前两天一个同学来讨论装冷气机的问题，我们那个办公室，我说装一台小小的冷气机，夏天舒服一点。我说买一个三吨的，他们说：不够不够！要八吨！五吨！我被他们吓得好几年也不敢装。结果我现在装个两吨的也够用，什么道理？冷气是小啊，开一天，时间长一点就冷了。所以大家都没有把时间加上，忘了。

现在我们把握一个原则，无论什么事情，你加上时间就有办法。所以你们年轻人不要着急，好像现在没有办法，只要加上时间，加个一二十年，你胡子长出来的时候，就有办法了。

——《孟子旁通》（下·离娄篇）

我想到一个事实的笑话：我有一个学生是学科学的，他原有个外号叫"科学怪人"。这人做事、讲话，什么都是机械化的。后来，住在我家里，我所讲的一些关于中国文化的东西，还是他记载的，他很有兴趣。他的弹筝，也是机械化。我笑他是科学弹筝，他也不管。但有一点，他做事是很科学的，他开始学筝的时候说，每天只学十分钟，以后就固定化，每天尽管忙，必弹十分钟，不多不少。半年以后，还真的弹得蛮好了。由他的修养，我就感觉到，做任何事情，不要怕人家笑，这也是科学精神。他除了"科学怪人"的绰号之外，还有一个外号是"紧张大师"。后来到了美国，有个场合，人家要他表演，他就在很多人面前表演弹筝，一上台，手就发抖。不知道的人，还以为是一种特别的指法呢。

常常有些人说，年纪大了，要学什么东西没有时间。我就常拿他这个精神告诉人家，一天只用十分钟好了，一年、两年下来就不得了。实际上，我们回想起来，读书也好，学别的也好，很少用超过一天十分钟，连续三年加起来那么多的时间。如果真下这个工夫，无论哪一件事情，都会有成就。

任何人做事没有决心，没有恒心，都做不成。常听人说中国功夫，什么是功夫？我说，方法加上时间，加上实验，就等于功夫。有方法没有用时间练习，怎么会有功夫？任何一种功夫都要有恒。

——《论语别裁》

看似退步却向前

明道若昧，进道若退。——《老子》

事情在成功以前，常有很艰苦的一段。在科学研究工作上，要发明一项东西时，研究到最后似乎绝望，当自己将要放弃时，忽然一个灵光来临，发明成功了。这就是"明道若昧"。

打坐修道的人，也许修了几十年，一点影子都没有，毫无进步。但在毫无进步当中，绝不要放弃！这一句话可以给自己当作一个安慰，也许快要悟道了，因为"明道若昧"，自己越来越笨了。这虽然听起来像笑话，但的确有这样的一个现象过程。

"进道若退"，学任何一样东西，做任何一件事情，进步到一个程度，成果快要出现的时候，你反而觉得是退步。比如说写毛笔字,开始写的三天,越看写得越有味道,越写越漂亮,自己也赞叹自己快要变成书法家了。到了第四天越写越难看,第五六天自己都不想练了,越看越不成样子。在这个时候,千万不要放弃,写的字虽然越看越难看,那正是你书法上的进步过程。

学拳也是一样,不管太极拳、少林拳,学了半月就想打人,觉得自己的武功天下第一,好像都可以飞檐走壁了。三个月后慢慢发懒了,半年以后,所学的通通丢光。所以,在进步以前就有这个现象,人情物理都是如此。古人只是拿人世间的经验,以及物理的状况,加以说明而已。

——《老子他说(初续合集)》

读书要"入藏",
受用不尽

关于儿童教育的重点,初步先增强孩子的记忆力。所以我常常笑你们,尤其现在的人,到哪里都靠电脑打字机,再不然靠笔记本,只晓得讲什么就记录什么。我从小很少带笔记本,老师讲的话,听的时候我就会记得的!我还可以眼睛看着老师,耳朵听他的话,同时手做记录哦!结果老师讲完了,我记录好了,拿给老师看,都没有靠电脑。

所以培训孩子们的记忆很重要,大家现在的教育方法是叫他背书,怎么样使用这个脑力记住?记忆跟思想两回事耶!就像性跟情也是两回事一样,这些不是普通的心理问题,是个大科学问题,属于人文科学的理念，但是也牵扯到自然科学，包括医学、心理学、解剖学都有关系的。

我们刚才讲到记忆力。为什么古人喜欢读诗？是增加记忆力的。至少在我，以及我小时候的同学们的经验，文学愈高、诗词愈好，记忆力愈会增强。但现在的人看书不是读书，光用眼睛看，变成近视，不是用脑子在看。昨天提出《礼记》里的《学记》，讲到一个字，"藏"，注意哦！入藏。我当年读书都要背书，老规矩是这样的：父亲也好，老师也好，坐到我们前面，我们站着把书本盖起来就背了。父亲说："嗯！背得很好，但你是硬记的，没有真的背来。"我很不服气，背得一个字都不差嘛！他说这样会忘记的。我说我没有错啊，父亲回我："是没有背错，但没有入藏。"我听了这句话更不服气，也没有注意。后来因为学了佛学和科学才知道，藏下去、藏在里头叫作入藏，用思想是记忆，这是一个关于脑的问题，古人说用心的心，不是心脏，是要把思想沉下去。

——《廿一世纪初的前言后语》

小时候长辈就说读书要入藏。后来学佛了才理解到，是要读入阿赖耶识，藏识。你能入藏的话，不但一辈子不忘记，下辈子也不会忘记。苏东坡的名言"书到今生读已迟"是真话，有些古书我拿来一翻，内容就了解，也都记得住，就好像以前读过的，可是我知道自己这一生中，确实没有读过。

有些同学说记忆力不好，这多半是你读书方式不对，所以要用读诵念出声来才容易真读进去。你在这里听了《维摩诘经》，回去有读诵吗？没有读诵怎么能"得是法无疑"？很多东西要先记住，以后机缘到了，就会恍然大悟。

——《维摩诘的花雨满天》

有些人天生爱读书，有些人不爱，硬逼也没用，因为他的种性不向这里发展。有人说过："书到今生读已迟"，有点道理。不过这一生还是应该读书，留给来生用，带点种性来。心的体用能够执受，永远抓住这个功能。异熟就是果报,异地而熟,异时而熟。为什么我变成了我,他变成了他,各人种性不同,因果轮回叫异熟。

——《如何修证佛法》

如何高效
阅读"大部头"？

现在中国人，不懂自己！你们可能对真正的中国史没有读过，都靠小说来的。最近演了一部《汉武大帝》，你们看了以后，好像自己还懂一点历史。如果没有小说给你看，没拿戏给你看，你就不懂，这真是非常可怜的！

最好你们这个组织，每个人负责读一段历史。这个事情过去我在台湾的时候做过，当时海陆空一班将领们，有许多都听过我的课。有一次我提倡，你们不读历史就不懂战略，不懂战略怎么样打仗呢？我说你们去读《资治通鉴》。他们都到了少将以上，问我"怎么读啊"。我说你把一部《资治通鉴》三十个人分开读，你读这半本，他读那半本。一个礼拜后，他来报告这半本是什么内容，你们问他问题，意思不懂的问他。然后下一个礼拜，你报告。他读汉朝的，你读唐朝的，这样每一次报告，那不是大家集体都读了吗？结果用了我这个方法，他们不到一两个月，每人历史都讲得呱呱叫！都会了。你们现在读书，只好学这个办法了。所以我贡献你们诸位，你们这个组织，大家都是很好的朋友，不要浪费了，大家抽时间读书。

——《南怀瑾讲演录：2004—2006》

读书学会"换脑筋",头脑更灵光

研究自己的文化,读古书,特别留意,有时候你不要多费脑筋的。我常常发现年轻人读书啊,"老师!这里看不懂",你看下去就会懂了。道理在哪里?你往往读到后面就把上面问题解决了,因为在后面有注解嘛!

还有时候啊,读一本书有很多读不懂的地方,就摆着,改看小说;看了半天小说,刚才那本书上不懂的,一下都懂了。其实小说同那本书不相干,可见脑子的智慧,本来都有的,你拿别的东西刺激它一下,它那一面就灵光起来了。所以读书要活,不是硬记,记出来的不是学问,千万注意。

——《孟子旁通》(下·离娄篇)

我告诉你们读书的方法,这一篇读不懂,很烦,你就翻过去读下一篇;下一篇又不懂,再看下面;忽然后面懂了,再回来看前面,都懂了,我的读书方法就是这样。

还有我的读书方法,佛经跟那个黄的摆在一起,然后政治学跟武侠小说摆在一起,所以我看书是乱七八糟的。看对了连续不断地下去,久看又怕脑筋坏了,改看小说看电视。好的电影我现在不敢看,因为看起来就不睡觉,一路把它看完。看书也是这样,不喜欢中断,因此就要换脑筋回过来再看佛经,那个思想就进去了。这就叫"道通天地有形外,思入风云变化中",这是宋儒的句子,赶快拿起小说来看,这个脑筋就换过来休息了。

你研究科学时,脑神经太深入了,就拿个轻松的东西看一看，哈哈一笑，脑筋休息了，换过来了，这是我读书的方法。都是密宗哦！我把秘诀传给你们了。我的意思是要你们研究学问不要怕困难，所以思想不要专门在一个地方，就照我的办法，桌子上摆乱七八糟的，什么都有，都看。

有一句话记住，宋太宗赵匡义这位皇帝，他的好坏我们不批评，历史上记载有一点我很佩服。他在军旅打仗二十年，后面二十匹马带着的都是书，一边骑马，一边手里没有离开过书本；所以历史上对文人最尊重的一代是宋朝。宋太宗兵间马上二十年，手不释卷，就是形容他的。所以他讲了一句名言四个字，"开卷有益"。任何一本书，不要说正式地读，翻一翻都有利益，叫开卷有益。人到卡拉OK，一定会扭一下，唱一下。打开书本就会看一下，冒充也在读书了，开卷有益，也有好处。

——《小言黄帝内经与生命科学》

诸位都看过很多小说吧！我想大家跟我一样，最喜欢看小说。我对于小说，乃至最黄的禁书，都看的（众笑）。我看书是这样的，一边是佛经，一边是些很难思考的问题之类的书，一边又是最黄的书。因为看到思想不通的时候，就抓起那个黄的书来看，哈哈一笑（众笑），把脑筋换一换。这是做学问的办法喔（众笑）。真的喔！当一个问题研究不清的时候，你在那里想，在那里研究，会发疯的。最好看另一种学问，一种跟这个主题不相干的，这样脑子就换过来了。这是真的读书经验告诉你，所以我的案头什么书都有，连武侠小说也看得非常多。

不久前在上海给清华大学学员讲课，讲完了，有一位提出问题，问我看过武侠小说没有？我说，对不起，要说武侠小说，古今中外武侠小说，我看过十万卷以上，这是真的。

——《南怀瑾讲演录：2004—2006》

读书有一个经验,孔子讲研究《易经》"玩索而有得",用玩的啊!现在的教育我完全不赞成,把你们的脑袋从小给读死了。你看我现在还懂得国学,我们小时候一天到晚在玩,什么时间读书啊?我是晚上读书。

我的父亲晚上没有事了,一把摇椅坐在我后面,我只好读啊!像我读诗"尘世无蹨识九还",我下面抽屉里面看《红楼梦》。他在摇椅上摇,我晓得他一停了,肚子一靠,"……识九还啊!……"轻松读出来的,也是"玩索而有得"。像你们这样死读书怎么行,都读死了。

——《漫谈中国文化》

如何读书不伤身？

看书不低头

人躺下去，全身放松，思想就灵光；低头沉思太久了，眼睛易成近视，思路愈加迟滞。

古人的教育，看书不低头，看书的姿势颇似关羽读《春秋》的绘像，人端坐，直腰，挺胸，头也是正直的。以书本就目，从不低头看书，更没有躺在床上歪着身子看书的姿势。看任何书都如此，写字也是如此，一定要"端容正坐"，不但是仪表风度的问题，更有其生理上维护健康的原因。千万不可如现在一般人，写起字来，纸一定要放得歪歪的，坐得也歪，身体如虾子，头又偏又斜又歪，扭曲得像一个被孩子弄坏了的洋娃娃。这也许就是现代的艺术化，可惜很不卫生。

——《孟子旁通》(下·离娄篇)

打坐头要正,头不正会把脑下垂体气脉压住,看书也搞得肩膀疼痛,眼睛也近视了。所以我教你们青年人,读书绝不要低头。关老爷看兵书,一定把书拿到眼睛高度读,哪怕手累一点还是要这样读。读完了书合上放好,才休息睡觉,绝不会拿本书躺在床上,歪着眼睛去看,那还不变成斗鸡眼,戴上眼镜吗?!读书嘛,手要洗干净,所以你看我这个手帕,每个桌子上都有,我要读书以前一定擦手。不管什么书,书写出来都很不容易,所以值得尊敬,每本书读完了都保持干干净净。书带到厕所去,这个习惯很有问题,你们要注意一下,这也是代表文化的水准。

——《我说参同契》

书来"看"我,我不去看它

你看这个时代,依我讲叫作眼镜的时代,年轻人都戴了近视眼镜,我是最痛心这一件事情。像我们从小看书,老实讲,你们看书不能跟我比数量,我到现在也不老花,少一点就是了,但是绝不近视,就是因为灯光不同。你们看书也不会看,就像药山禅师讲的,把牛皮都看得穿似的,眼睛瞪得好大盯着看,看了又记不得。

我从小的读书习惯是书来看我,我不去看它。把书摄进来,又容易记住,所以有时候并没有想那个句子,而是想那个书的影像,哪一句话在哪一行我都还会记得。你们呢,是自己到书上去,最后老花了。看电视看电影也要这样看,叫电影跑到我前面来。你们看电影又哭又笑,都无我了,你还看个什么电影!你上去演多好呢!生命就那么消耗了。所以道家所谓"旋曲以视听","旋曲"就是回转,回到自己这里,视听都要回转来,不要把精神散向外头去。这个口诀也叫你们练习练习,看东西不要眼睛盯住看;就是讲恋爱要看对方,也是反过来你来看我吧。

——《我说参同契》

用其光,复归其明。——《老子》

说到光,就要谈到我们人的眼睛。我经常说,现在的灯光太过强烈,老在这种强烈的灯光下读书,两个眼睛鼓起来像电灯泡一样盯在书本上,每个人眼睛都读坏了,成为高度的近视。我们当年读书哪有什么电灯!最初电灯来的时候,乡下人还拿个火柴去点火,奇怪怎么点不亮!那时都是点清油灯,后来点煤油,叫洋油灯。小小的洋油灯那一种光度,和现在牛排馆、咖啡馆所用的蜡烛一样这么一点点,所以现在看到这种灯特别亲切。在这种灯下面看书,或者看小说,眼睛并没看坏。现在年轻人眼睛是看书看坏了,因为不会"用其光"。

我经常告诉大家,看书不要盯着书看,要把书放到前面，用眼睛把书的字拉回，在脑子里面反应过来。比如自己就是个录影机，最后把书一合，这句话在哪一页、第几行，那个印象就已留在脑中了。所以读书最重要的是"用其光"。就算现在已经近视了，如果晓得用光，眼睛看东西时，用意念把物像拉回来，近视就会减轻。眼光愈向前面直射，愈会伤害眼睛。

许多戴眼镜的近视朋友，看起来很吃力！眼睛鼓得好大，像个探照灯一样外射，这个眼睛当然愈来愈坏。正确的看法，像看电影时，眼睛半开半闭，让电影的画面影像进来，看完了也就晓得了；充其量，爱哭的跟着电影哭一场，可笑的就笑一笑，过去就算了。所以，不要把眼睛瞪着，眼神投到银幕上去盯住看，那个物理的电波光波的刺激，把眼神经都破坏了，脑子也不灵光了，思想也不灵光了，反应也笨。戴眼镜的人，反应都是这样迟钝，这就是告诉你们"用其光"的道理，是要把这个光返照，回转来照到自己里头去。

"复归其明",这是真实的,把老子的这句话紧紧把握住,认真去做,近视眼的同学听我说《老子》也听了几个月,不能白听啊!这个方法不妨试试看。只有几个字"用其光",看东西尽量少像探照灯一样直射出去,要收回来物的形象,把一切光芒的影像吸收到自己的眼神经里去,慢慢你的视力、脑力、聪明、智慧会恢复过来,这样才会"复归其明"。

——《老子他说(初续合集)》

我记得年轻时,与一位有道的老前辈,在西湖边上漫步,一路上柳绿花红,非常美丽,一边观赏风景,一边请他传一点道。他说:你这年轻人,怎么问这些?你不正忙着看花吗?你懂得看花吗?我说懂呀!这是桃花,这是杨柳,这是杜鹃……他却说,年轻人就是年轻人,你根本不会看花,这样把眼睛都给看坏了。我问他看花还有秘诀吗?他说有啊!一听到秘诀,我精神来了,就追问下去。

他说看花要看花的精神，是看一株一株的花，开得多活泼！你们看花，精神都被花吸走了；有道的人看花，把花的精神吸收来了，心目中就充满神光了。所以我听了这个话，几十年来，看花、看书，始终记着老前辈说的，把书的言语文字的精义融会于心。大家看书，都把精神付出在纸面文字上，看风景，看流水，都是如此这般。现在大家都看电视，我告诉年轻人，要半闭着眼看，放松心情，如在梦中一样看，把影像吸过来，才不害眼伤神。一般人看电视，把全副精神都投射到那块玻璃上，瞪大了眼睛，神光暴露，自己的思想情绪，被那假的影像所转移，有时还不知不觉地大喊大叫，拍案搥胸，又哭又笑。

　　孟子告诉我们看水，要看波澜，看那个活泼泼的精神，把它吸收过来，体会于心，也是活泼泼的。

——《**孟子旁通**》(中·尽心篇)

后记

文化和教育向来密不可分,南怀瑾先生在晚年尤其关心教育问题。先生认为一个国家、社会的兴衰成败,重点在文化,在教育,中国一百五十年来一切问题的根源就是文化教育问题。他曾语重心长地指出:"我们这一代,受这个时代的文化教育影响,没有真正的学问中心,可是知识又非常渊博,各方面都知道,都很清楚,也很茫然,整个的茫然。"(《廿一世纪初的前言后语》)

工业革命以来的教育强调知识的灌输与理解,而中国传统文化则更为注重以启发式的方法,开显人人本自具足的生命智慧。南怀瑾先生写过一副楹联:

"教育之目的为后世造就利国利民之人才，学问之理念为群生启发自觉觉他之慧知"，谓教育是利国利民的千秋事业，做学问贵在自立立人，找到身心性命的安顿之道。

南怀瑾先生一辈子不承认自己是老师。然而，先生对普罗大众讲授中国传统文化七十来年，不仅把自身体认的中国文化精神传递开来，更随时以自己的品性、行为、言语影响学生，临机施教，对于自己人生各方面的经验，更是毫不吝啬完全贡献，他是大家心中永远的"南老师"。先生以过来人经验所讲述的中国传统文化中珍贵的学习之道，散见于他众多著述之中，根据先生的教化思想，系统地辑成一册，正是对治现代人焦虑茫然的一剂良药。

愿诸君在学习之中找到人生的意义和精神的安顿。

东方出版社

二〇二三年一月

图书在版编目（CIP）数据

学习之道/南怀瑾讲述；南怀瑾文教基金会编. —北京：东方出版社，2023.2
ISBN 978-7-5207-1781-6

Ⅰ.①学… Ⅱ.①南…②南… Ⅲ.①学习方法 Ⅳ.①G442

中国版本图书馆CIP数据核字（2021）第226110号

学习之道
（XUEXI ZHI DAO）

作　　者：南怀瑾
编　　者：南怀瑾文教基金会
责任编辑：刘天骥　张莉娟
责任审校：金学勇　孟昭勤
出　　版：东方出版社
发　　行：人民东方出版传媒有限公司
地　　址：北京市东城区朝阳门内大街166号
邮　　编：100010
印　　刷：北京文昌阁彩色印刷有限责任公司
版　　次：2023年2月第1版
印　　次：2024年8月第4次印刷
开　　本：787毫米×1092毫米　1/32
印　　张：11.125
字　　数：175千字
书　　号：ISBN 978-7-5207-1781-6
定　　价：56.00元
发行电话：（010）85924663　85924644　85924641

版权所有，违者必究
如有印装质量问题，我社负责调换，请拨打电话：（010）85924602　85924603